Wurfscheibenschießen für Anfänger und Fortgeschrittene

JOHN KING

Aus dem Englischen von
ANNETTE CHARPENTIER

Wurfscheibenschießen für Anfänger und Fortgeschrittene

Copyright © John King

Alle Rechte vorbehalten

Originaltitel: *Clay Shooting for Beginners and Enthusiasts*

Published by John King Coaching Ltd 2009

www.johnkingcoaching.com
admin@johnkingcoaching.com

Übersetzung aus dem Englischen: Annette Charpentier

Printed and bound by www.printondemand-worldwide.com

ISBN 978-0-99-262923-6

Für Maureen

Danksagungen

Ein ganz besonderer Dank ergeht an Peter Clemens für die Bearbeitung dieser deutschen Ausgabe.

James und Caroline bin ich zu erheblichem Dank verpflichtet, weil sie sich energisch für diese überarbeitete Fassung eingesetzt und meine Kritzeleien in anständige Schaubilder verwandelt haben.

Richard sei gedankt für die exzellente Fotografie und die zahlreichen Beiträge aus seinem riesigen Wissensschatz über das Wurfscheibenschießen.

Außerdem bin ich „James O." und „Andy B." sehr dankbar, die geduldig und unermüdlich am Computer Ordnung in mein Chaos aus Ideen, Worten, Zeichnungen und Bildern gebracht haben.

Besonders verbunden bin ich natürlich Louise, meiner Meisterschülerin

Inhalt

Vorwort — 8

Einführung — 9
   Das Buch als Lehrgang
   Fakten und Mythen beim Wurfscheibenschießen
   Die Attraktion des Wurfscheibenschießens

Erste Lektion — 14
   Die Ausrüstung und die „Grundmethode"
   Die Flinten
   Der sichere Umgang mit einer Flinte
   Wichtige Schutzmaßnahmen
   Gefahren und Risiken einer Feuerwaffe
   Einzelscheiben rechts-links
   Die „Grundmethode"
   Die Sicherheitsregeln
   Das Treffen der Scheibe mit scharfer Munition
   Das Treffen der einkommenden Scheibe
   Das „falsche" Führungsauge
   Was ist vor der nächsten Lektion zu beachten?
   Nachschwingen

Zweite Lektion: Neue Herausforderungen   **42**
    Die Flinte Kaliber 20 und wie man sie lädt
    Das Führen der Scheibe in größerem Abstand
    Scheiben von links nach rechts
    Dubletten
    Mentale Vorbereitung
    Die Technik bei einkommenden Dubletten
    Wie viele Unterrichtsstunden brauche ich?
    Welche Flinte ist die Richtige?

Dritte Lektion: Der Anschlag   **58**
    Grundlagen des richtigen Anschlags
    Der jagdliche Anschlag
    Die Förderung der linken Hand
    Der Anschlag bei Dubletten
    Ein kurzer Blick auf die Wurfmaschinen (Abwerfer)

Vierte Lektion: Typische Parcours-Wurfscheiben   **68**
    Die Überkopfscheibe
    Der Rollhase
    Die abgehende Scheibe
    Weitere typische Parcours-Wurfscheiben

Fünfte Lektion: Weitere Parcours-Scheiben   **79**
    Teal
    Die einkommende Wurfscheibe
    Looper

Sechste Lektion: Dubletten-Kombinationen   **87**
    Abgehende und herankommende Wurfscheiben auf Schuss
    Quartering Wurfscheiben auf Schuss
    Simultane Dubletten Querreiter

Weitere Wurfscheiben-Disziplinen　　　　　　　　　　　　　95
Kompak-Wurfscheibenschießen
Betriebsveranstaltungen und Events
Flushes und Flurries
FITASC Compak-Sporting
Die Trap-Disziplinen
DTL – ein kurzer Abriss
DTL heute
Doppeltrap
ABT, UT und OT (Olympisches Trapschießen oder olympischer Graben)
Skeet (Rund um die Uhr)

Jagdliche Disziplinen in Deutschland　　　　　　　　　　　115
Jagdlich Trap
Jagdlich Skeet
Helix (ZZ)

Viel Spaß beim Wurfscheibenschießen　　　　　　　　　　119
Die Stimme der Erfahrung
Wettkämpfe
Lassen Sie sich Zeit zur Weiterentwicklung
Die eigene Flinte

Abschließende Gedanken　　　　　　　　　　　　　　　125
Über den Autor　　　　　　　　　　　　　　　　　　126
Weitere Buchtitel von John King　　　　　　　　　　　128
Wichtige Adressen　　　　　　　　　　　　　　　　　129

Vorwort

Vor vielen, vielen Jahren - wie viele, das wissen wir beide nicht mehr genau - hatte ich das Glück, unter den aufmerksamen Blicken von John King das Wurfscheibenschießen auszuprobieren.

Wie viele andere vor mir war ich rasch restlos von dem Sport begeistert und erzielte auch bald einige Erfolge, was schließlich in einen Berufswechsel mündete: Ich schrieb nun als Journalist über den Schießsport.

Das hatte den Vorteil, mit vielen Spitzenschützen und Ausbildern in der ganzen Welt arbeiten zu können, aber trotz allem, was ich seither erlebte, blieben Johns einfache und effektive Techniken stets die Grundlage meiner Schießfertigkeit.

Er hat die beneidenswerte Gabe, mit wenigen Worten sehr viel zu sagen, und als Folge dessen gibt es heute praktisch hunderte von Schützen, die den Sport sicherer und besser ausüben.

Die Überarbeitung dieses Buches, das jetzt auch in Übersetzung vorliegt, war schon lange überfällig. Es gibt zahlreiche Ratgeber für diejenigen, die sich bereits für den Sport begeistern und sich weiterentwickeln wollen, aber nur wenige, die durchgängig den Jargon und die Unklarheiten für den Anfänger vermeiden. Die Neuausgabe füllt diese Lücke und begeistert hoffentlich noch viele andere für den Kitzel, wenn man die Wurfscheibe trifft.

Richard Rawlinson
Herausgeber des *Clay Shooting Magazine* 1994-2006

Einführung

Dieses Buch soll Sie weiter anregen, wenn Sie mit dem Gedanken spielen, es mit dem Schießsport zu versuchen. Ich hoffe, es wird Sie auch überzeugen, dass es einen logischen und relativ einfachen Weg gibt, zu einem sicheren, kompetenten und begeisterten Anhänger dieser Sportart zu werden. Es richtet sich ebenso an diejenigen, die schon mit dem Wurfscheibenschießen angefangen haben, und soll helfen, den Wust von Informationen zu klären, mit dem Ihre Schützenfreunde Sie vielleicht überhäuft haben.

Wenn Sie bereits ein erfahrener Schütze sind, reagieren Sie vielleicht enttäuscht, dass hier nur wenige technische Informationen geboten werden, aber ich gehe davon aus, dass Sie die einfachen Richtlinien hier mit Ihrer eigenen Erfahrung verknüpfen und so zu einem besseren Schützen werden. Das Buch sollte auch einen systematischen Führer darstellen, wie man die eigenen Schießkünste und die Freude am Sport an interessierte Anfänger weitergibt.

Meine simplen Anleitungen wollen aber keineswegs herablassend wirken oder die Intelligenz des Lesers beleidigen. Meiner Erfahrung nach sind Leute, die eine Schießschule besuchen, oft „intelligente Leistungsmenschen", die dazu neigen, bei einem Lernprozess zu viel zu denken. Daher verkomplizieren sie oft unbewusst relativ einfache Prozesse. Ich wähle hier bewusst einen vereinfachenden Ansatz, denn die hier behandelten Themen sind genau das, was Anfänger brauchen und lernen wollen.

Ich habe auch festgestellt, dass Schüler, wenn sie einen gewissen Leistungsstand erreicht haben, mit dem sie zufrieden sind, dann ihren eigenen individuellen

Interessen in einer der Wurfscheiben- oder Jagddisziplinen nachgehen. Sie erweitern ihre Kenntnisse dann mit Hilfe eines der zahlreichen Spezialmagazine, Videos und DVDs.

Das Buch als Lehrgang

Das Buch entspricht einem typischen Anfänger-Kurs in einer Schießschule, wenn Sie noch nie zuvor einen Schuss abgegeben haben.

Die einzelnen Lektionen und Diskussionen stellen so eine logische Abfolge von Beschreibungen und Übungen für Neulinge in einer Schießschule dar.

Ich schreibe durchgängig genau so, wie ich als Ausbilder mit Ihnen reden würde. Vermutlich werden Sie feststellen, dass die Lektionen in diesem Buch, mit denen Sie theoretisch und sozusagen „im Kopf" üben, enorm bei den tatsächlichen, praktischen Schießübungen helfen.

In der ersten Lektion geht es um Sicherheitsmaßnahmen, um die Grundbestandteile und die Handhabung der Flinte und wie man eine Einzelscheibe quer und frontal trifft. Sie zielen auf eine einzelne Wurfscheibe, die von rechts nach links fliegt, und dann auf eine hereinkommende, die in Kopfhöhe direkt auf Sie zufliegt.

Die Lektionen befassen sich zunehmend mit schwierigeren Wurfscheiben-Disziplinen und Dubletten, um den Anfänger mit den verschiedenen Techniken vertraut zu machen und das Selbstvertrauen für einen typischen Wurfscheibenwettkampf zu stärken.

Anfangs erfolgen die Anweisungen nur in Bezug auf typische sportliche Schießübungen. Doch die meisten begeisterten Anfänger wollen bald ihre Kenntnisse erweitern, indem sie die einschlägigen Magazine lesen. Dann fragen sie mich natürlich auch nach den anderen Wurfscheiben-Disziplinen. Daher ist ein Kapitel den Grundlagen der vielen verschieden Typen von Wurfscheibenschießen gewidmet.

Fakten und Mythen beim Wurfscheibenschießen

Noch ehe Sie die erste Schießübung beginnen, möchte ich auf einige immer wiederkehrende Fragen von Anfängern eingehen, um damit ein paar verbreitete Sorgen und Ängste auszuräumen.

Die häufigste Sorge ist wohl, dass das Schießen selbst körperlich schmerzhaft sei. Das ist ganz bestimmt nicht nötig, doch leider bleibt es für viele eine unangenehme Erfahrung. Für manche ist das Schießen schmerzhaft, weil man nicht die nötigen Anleitungen und Hilfen bekommen hat und aufgefordert wird, mit der falschen Flinte und der falschen Munition einfach „loszuballern".

Auf die einfache Frage: „Wo kann ich das Schießen sicher ausprobieren?" erkläre ich, wie man selbst dafür sorgen kann, dass die erste Schießerfahrung keine blauen Flecken verursacht. Besuchen Sie eine renommierte Schießschule und wenden sich an einen professionellen Ausbilder. Der Ausbilder sorgt dafür, dass Sie mit einer Flinte ausgerüstet werden, die Ihrer körperlichen Statur entspricht, d.h., dass Sie sie bequem halten können, und dass Sie Munition benutzen, bei der Sie nicht unangenehm durch den Rückstoß verletzt werden. Man wird Ihnen zeigen, wie Sie die Flinte richtig und sicher handhaben, noch ehe man Ihnen erlaubt, sie abzufeuern.

Eine renommierte Schießschule gibt Ihnen Ohrenschützer und Augenschutz.

Ich höre oft Bemerkungen wie: „Ich wollte es schon immer mit dem Wurfscheibenschießen probieren, aber ich glaube nicht, dass ich das kann". Es scheint ein Vorurteil zu herrschen, dass zum Schießen körperliche Superfitness erforderlich sei, in Verbindung mit hoher geistiger Leistungsfähigkeit. Aber das stimmt nicht.

Die einfache, ehrliche Antwort auf die Frage: „Wer kann schießen?" ist: „Jeder, der schießen will!" Ich habe schon vor Jahren die Erfahrung gemacht, dass sämtliche Erwachsenen, die zu einer ersten Übung in die Schießschule kommen, alle erforderlichen geistigen und körperlichen Eigenschaften aufweisen, die einen guten Schützen ausmachen.

Dies beruht auf einer einfachen Logik: Welcher normal intelligente Mensch gibt sich die Mühe, eine Schießschule ausfindig zu machen und dann Zeit und Geld für den Sport aufzuwenden, wenn er nicht überzeugt ist, dabei auch Erfolg zu haben?

Wie erfolgreich Sie sind, hängt allerdings von drei Faktoren ab: Zeit, Geld und - am wichtigsten - Motivation, wie erfolgreich man sein möchte. Meine Aufgabe dabei ist einfach: Ich brauche mich bloß um die visuellen, auditiven und kinästetischen Sinne (sehen, hören und fühlen) zu kümmern. Ich muss Worte, Bilder und Übungen bereitstellen - und das mündet zu meiner großen Freude stets in Erfolg.

Das Alter spielt keine Rolle - in beiden Richtungen. Der entscheidende Faktor ist, dass der Schüler die entsprechende körperliche Präsenz hat und eine Flinte bequem halten und bedienen kann. Sie brauchen außerdem die notwendige geistige Kapazität, um die einfachen Anleitungen zu begreifen und auszuführen, und müssen eine bewegliche, untertassengroße Scheibe in ca. 45 Metern Entfernung erkennen können. Eine Brille ist dabei kein Hindernis. Das Wichtigste ist der Wunsch, den Sport zu lernen. In den letzten Monaten habe ich Schüler im Alter von 8 bis 80 Jahren ausgebildet.

Die Behauptung, dass jeder Wurfscheibenschießen lernen kann, schließt selbstverständlich auch Behinderte ein. Es besteht kein Grund, warum jemand im Rollstuhl nicht begeistert den Schießsport ausüben kann. Wenn jemand ein Gewehr halten und bedienen kann, stellt sich der Erfolg bald von selber ein.

Ja, und der Mythos, dass Schießen ein männlicher Sport sei... auch das ändert sich rapide. Es gab eigentlich nie echte Gründe, warum Frauen sich nicht genau so für den Schießsport begeistern können wie Männer. Nur veraltete Gesellschaftsregeln haben verhindert, dass Frauen diesen Sport ausüben.

Viele meiner Schülerinnen sind klein und zierlich. Aber auch sie können bequem und ohne Unannehmlichkeiten schießen und sind ebenso kompetent wie andere.

Die Attraktion des Wurfscheibenschießens

Die Attraktion des Schießens als eine Sportart im Freien ist offensichtlich. Man kann den Sport auf jeder Ebene befriedigend ausüben - als gelegentliche Freizeitaktivität, wenn man zufrieden ist, bloß ein Drittel aller Scheiben zu treffen, oder aber auf Wettkampfebene, wenn man jede freie Minute trainiert und zwar, um das eigene Ergebnis weiter zu verbessern.

Schon beim Treffen der ersten Scheibe erlebt man, wie aufregend das Schießen sein kann. Aber eine besondere Befriedigung liegt darin, sich ständig durch Übung zu verbessern.

Machen Sie mit!

Erste Lektion
Die Ausrüstung und die „Grundmethode"

Willkommen zu unserer ersten Schießübung. In dieser Lektion wird Ihnen gezeigt, welche Waffen Sie benutzen und wie Sie eine bewegliche Wurfscheibe treffen können, indem Sie sich an die einfachen Anleitungen der „Grundmethode" halten.

Diese Grundmethode ist eine simple Sequenz von koordinierten Bewegungen von Augen, Gehirn, Händen und Körper. Sie ermöglicht einem, die Grundbedingungen des erfolgreichen Flintenschießens sehr rasch zu erlernen. Diese einfache Methode wurde von den Ausbildern der *Clay Pigeon Shooting Association* erarbeitet. Ihre einfachen Leitsätze machen sie extrem wirksam. Für einen Rechtshänder betont die Grundmethode, dass man die Flinte lediglich so einsetzt, als würde man mit der linken Hand auf etwas deuten (und umgekehrt für Linkshänder).

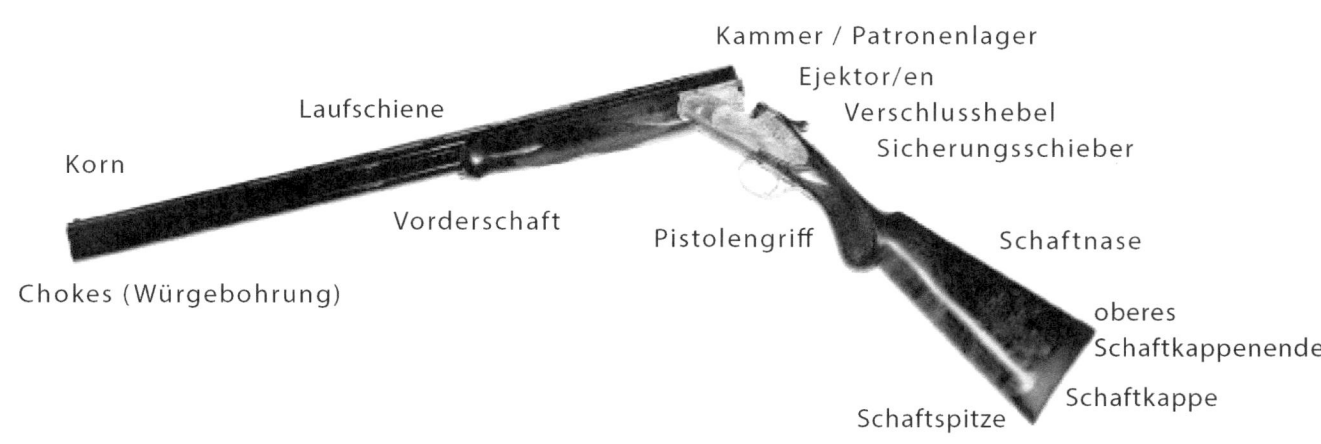

Folgen Sie bitte meinen Anweisungen für diese einfachen Bewegungen. Schon in kurzer Zeit werden Sie Wurfscheiben sicher treffen.

Die Flinten

In dieser ersten Lektion benutzen Sie eine Bockflinte mit Einabzug vom Kaliber 28. Sie ist momentan „gebrochen", d.h. offen und ungeladen! Eine Bockflinte hat einen Doppellauf und kann zwei Patronen abfeuern, indem man den Abzug einmal, und dann zum zweiten Mal betätigt. In dieser ersten Lektion werden Sie nur mit einer einzigen Patrone arbeiten.

Ich habe diese bestimmte Flinte gewählt, weil ich sicher bin, dass Sie sie bequem halten und abfeuern können. Anfänger sorgen sich bei der ersten Schießübung oft, dass der Rückstoß der Flinte die Schulter verletzen könnte. Die Bockflinte ist ideal für zierlichere und jüngere Personen. Sie ist leicht, bequem in der Handhabung und hat nur einen leichten Rückstoß.

Man braucht keine besonderen technischen Waffenkenntnisse, um zu einem erfolgreichen Schützen zu werden, aber Sie sollten schon mit den Grundbestandteilen vertraut sein, wie man eine Flinte sichert, entsichert und abfeuert.

Auf dem unteren Ende des Gewehrlaufs befindet sich eine kleine Zacke, das Korn. Dies dient nicht als Zielhilfe, sondern nur als Bezugspunkt. Stellen Sie sich das Korn als die Spitze Ihres Zeigefingers vor, wenn er auf etwas deutet.

Auf den ersten fünf bis acht Zentimetern direkt unter dem Korn ist der Flintenlauf unterschiedlich gedrosselt (Choke), je nachdem, um die Auffächerung der Schrote zu verbreitern oder zu konzentrieren. Unsere Flinte hier hat nur leichte Choke-Bohrung und streut daher die Schrote sehr weit. Das erhöht die Chance, die Wurfscheiben zu treffen.

Der flache Metallstreifen auf dem Oberlauf heißt Schiene und soll den Blick ganz natürlich auf das angepeilte Ziel leiten. Das Holz, das die Läufe umgibt, ist der Vorderschaft. Er bietet gute Griffsicherheit für die Hand und schützt sie gleichzeitig vor der Hitze des Metalllaufs.

Direkt hinter dem Vorderschaft liegt das System mit dem Abzugsmechanismus der Flinte. Das Ende der Flintenläufe, das im System eingebettet ist, beinhaltet die Patronenlager, die man auch als Kammern bezeichnet

Mit den beiden Metallteilen an den Kammerseiten (Ejektoren) werden die Patronenhülsen nach dem Abfeuern ausgeworfen, sobald das Gewehr anschließend gebrochen wird. Dies geschieht, indem man einen Hebel auf dem Schloss nach rechts umlegt. Direkt hinter diesem Hebel befinden sich die Sicherung und der Umschaltschieber. Die Einstellung nach rechts oder links bestimmt, ob der obere oder untere Lauf der Flinte zuerst abgefeuert wird. Wenn der Sicherungshebel nach hinten bewegt wird, kann der Abzug nicht bedient werden. Man muss sich aber im Klaren sein, dass ein entsichertes Gewehr nicht bloß mit dem Abzug abgefeuert werden kann! Schon ein harter Stoß oder Fall kann den Schuss auslösen. Flinten sind nur absolut sicher, wenn sie ungeladen und gesichert sind.

Der Holzteil hinter der Sicherung heißt Pistolengriff. Er passt sich bequem der rechten Hand an, während der Zeigefinger sich ganz natürlich um den Abzugsbügel und den Abzug legt. Hinter dem Pistolengriff liegt die Schäftung, die über den Kolbenhals oder Schaftrücken in den Kolben mündet.

Der sichere Umgang mit einer Flinte

In diesem Abschnitt behandele ich den sicheren und angemessenen Umgang mit einer Feuerwaffe. Bei allen Schießsport-Anlässen müssen Sie unbedingt darauf achten, dass Sie Ihre Waffe richtig halten und behandeln. Die goldene Regel hier lautet: Behandeln Sie ein geschlossenes Gewehr immer so, als sei es geladen.

Als erstes nehmen Sie die Flinte aus dem Futteral. Selbst in dieser Aufbewahrung können Sie erkennen, wo sich der Kolben und der Lauf befinden. Halten Sie das Futteral so, dass der Lauf zum Boden gerichtet ist, öffnen Sie das Schloss, umfassen Sie mit der Rechten den Pistolengriff und achten darauf, dass der Finger sich nicht um den Abzugsbügel legt. Ziehen Sie das Gewehr aus dem Futteral, und sobald der Lauf zu sehen ist, sichern Sie die Waffe.

Der Ablauf ist ähnlich, wenn man ein geschlossenes Gewehr von einem Gewehrständer nimmt. Nur kann man die Flinten hier vollständig sehen, die mit nach oben gerichtetem Lauf abgestellt werden. Denken Sie daran, dass man ein geschlossenes Gewehr immer wie ein geladenes behandelt! Greifen Sie den Vorderschaft fest mit der Linken, wobei Sie darauf achten, dass Sie die Mündung vom Körper fernhalten. Heben Sie das Gewehr aus dem Ständer und drehen es um, so dass der Lauf oder die Läufe zu Boden gerichtet sind. Achten Sie bei dieser Bewegung auch darauf, niemals die Mündung auf jemanden zu richten. Halten Sie die Flinte fest mit der Rechten und legen den Zeigefinger nicht um den Abzugsbügel. Stützen Sie Schloss und Schäftung mit der Hüfte, um das Gewehr zu öffnen.

Halten Sie sich stets an diese Bewegungsabfolge, wenn Sie eine Flinte aus dem Futteral oder von einem Ständer nehmen.

Als nächstes möchte ich beschreiben, wie man bei einer Schießsportveranstaltung eine ungeladene Flinte angemessen hält und trägt. Am bequemsten ist es, indem man die Gewehrmündung auf dem rechten Fuß platziert. Die rechte Hand hält den Pistolengriff, und der rechte Zeigefinger liegt an der Schlossseite. Das Gewicht der Flinte wird nun vom Fuß getragen, und sie ruht bequem an der rechten Beinseite. Dabei werden die Läufe weder beschädigt noch verschmutzt.

Man kann auch bequem stehen oder gehen, wenn man die gebrochene Flinte über den rechten Unterarm hängt, denn die Flinte wird zusätzlich dabei durch die Körperseite und den Oberarm gestützt.

Bei einer dritten, sicheren Möglichkeit, die Flinte zu tragen, legt man das Schloss auf die rechte Schulter, wobei die Mündung vorne nach unten zeigt. Die rechte Hand umfasst die Läufe am Vorderschaft. So wird das Gewehr sicher von Arm und Schulter gestützt.

1. Eine geöffnete (gebrochene) Flinte und wie man sie bequem und sicher über dem Arm trägt.
2. Eine geöffnete (gebrochene) Flinte und wie man sie bequem und sicher auf der Schulter trägt.
3. Ein entladenes Gewehr: Man sollte es beim Transport so oft wie möglich sicher und bequem im Futteral aufbewahren

Ich schlage eine dieser drei Möglichkeiten vor, aber alles ist korrekt, solange die Flinte für jedermann sichtbar offen und ungeladen ist.

Eine vierte Möglichkeit ist es, das entladene Gewehr bequem im Futteral zu tragen. Mit dem Tragriemen über der rechten Schulter stützt der gesamte Körper das Gewicht der Flinte und lässt die Hände frei für Munition etc. Außerdem ist die Flinte im Futteral vor Beschädigung geschützt.

Wichtige Schutzmaßnahmen

Nachdem ich Ihnen gezeigt habe, wie man eine Flinte sicher und bequem trägt, möchte ich noch auf weitere Sicherheitsvorkehrungen eingehen.

Ich empfehle Ihnen, beim Schießen eine Schirmmütze (Baseball-Cap) wie ich sie aufhabe, zu tragen. Bitte machen Sie es sich zur Angewohnheit, beim Schießen jederzeit eine Kopfbedeckung zu tragen. Sie merken schon bald, dass eine Grundbedingung für den Erfolg in diesem Sport ist, sich jederzeit so wohl wie möglich zu fühlen. Meine Kappe hier hat einen großen Schirm, aber alle Hüte mit einem Schirm oder einer Krempe, die bequem sitzen, sind angemessen. Hüte und Kappen halten den Kopf warm und auch bei schlechtem Wetter trocken. Die Krempe oder der Schirm schützen die Augen vor Sonne und Regen und schränken die Sicht an der Peripherie ein. Das hilft Ihnen, sich besser auf Ihr Ziel zu konzentrieren. Der Mützenschirm schützt Sie außerdem vor herabfallenden Tonstückchen.

Öffnen Sie die Flinte, während Sie sie aus dem Futteral nehmen

Ohrenschützer tragen zur Sicherheit bei, indem sie die Schussgeräusche dämpfen. Außerdem sind Ihre Ohren dann auch vor der Druckwelle geschützt, die bei jedem Schuss entsteht. Man hat nachgewiesen, dass regelmäßiges Schießen das Gehör beeinträchtigt, wenn man die Ohren nicht regelmäßig mit Ohrenschützern abdeckt.

Drittens, Ihre Augen werden durch eine Schutzbrille vor herumfliegenden Tonscheibenfragmenten geschützt. Ultraviolette Linsen verbessern außerdem die Sehfähigkeit.

Eine gebrochene, entladene Flinte. Wenn man den Lauf auf dem Fuß abstützt, bleibt die Mündung schmutzfrei

Auch wenn man selbst nicht schießt, sich aber in Nähe eines Schießstands aufhält, sollte man Ohren und Augen schützen.

Gefahren und Risiken der Schrotflinte

Ehe ich die Sicherheitsregeln beim tatsächlichen Schießen erkläre, möchte ich die Wirkung eines Flintenschusses aus nächster Nähe demonstrieren. Wenn man das einmal gesehen hat, vergisst man es nie wieder. Ich möchte Sie damit nicht erschrecken, sondern zeige es Ihnen, weil ich überzeugt bin, dass jeder, der mit einer geladenen Flinte umgeht, begreifen muss, dass diese Geräte zum Töten entwickelt wurden, und zwar auf höchst effektive Weise.

Wenn jemand durch einen Flintenschuss getötet oder verletzt wird, geschieht das unweigerlich aus nächster Nähe. So etwas ist niemals ein Unfall. In dem Fall hat jemand entweder eine kriminelle Absicht gehabt oder ist aus Dummheit sehr nachlässig gewesen!

Betrachten wir die Sache näher. Legen Sie die Ohrenschützer und die Schutzbrille so an, dass sie bequem sitzen. Jetzt konzentrieren Sie sich auf die Markierung, die ich auf der Wellblechwand vor Ihnen angebracht habe. Die Gewehrmündung befindet sich bloße 60 Zentimeter davon entfernt. Jetzt lade ich die Flinte und ziele auf diese Markierung.

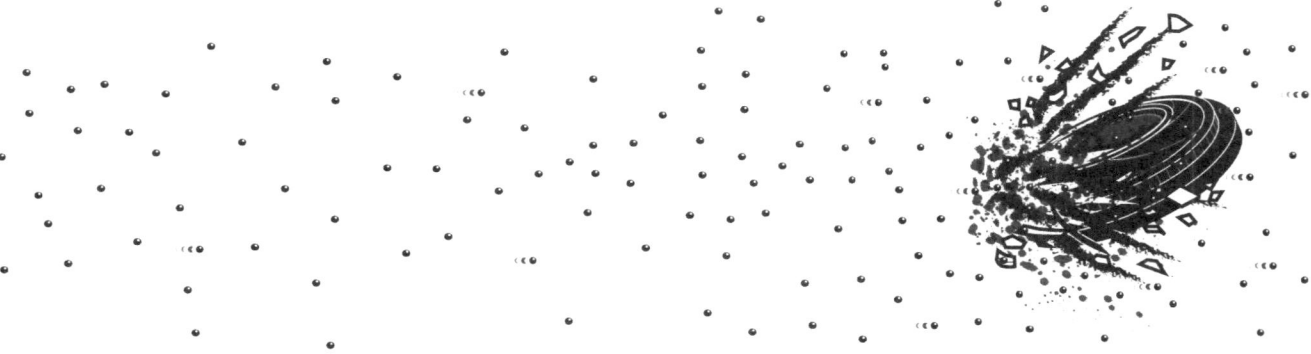

Wurfscheibe, die von einer Schrotladung getroffen wurde (Zeichnung)

Das Loch wurde von einer leichten Schrotladung (23g) aus geringem Abstand mit einer Kaliber 20-Flinte ohne Choke verursacht.

Furchtbar, nicht wahr? Dieses faustgroße Loch wurde von einer Handvoll kleiner Bleikugeln verursacht. Aus diesem Abstand fliegen die Schrotkugeln nicht weit genug, um zu streuen. Das Blei trifft als Masse auf der Blechwand auf, und zwar mit einer Geschwindigkeit von über 400 Metern pro Sekunde.

Behalten Sie die Ohrenschützer und die Schutzbrille auf, und ich schieße weiter, um Ihnen die Streuung des Schrots aus einem Abstand von ca. 20 Metern zu demonstrieren. Das ist die Entfernung, aus der Sie auf die Wurfscheiben schießen werden.

Ich ziele auf die Mitte der weißen Metallscheibe. Bitte betrachten Sie das Streumuster. Sie können die kleinen Löcher erkennen, wo die Schrotkugeln auftrafen. Sie haben sich in einem unregelmäßigen Kreis von etwa 75 Zentimetern Durchmesser aufgefächert.

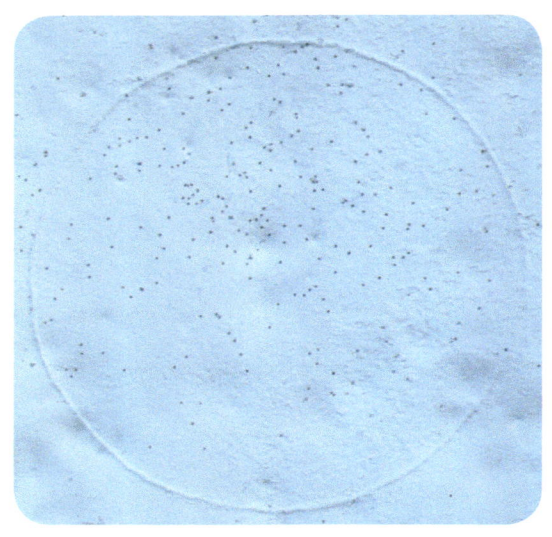
Streuung Kaliber 20 ohne Choke

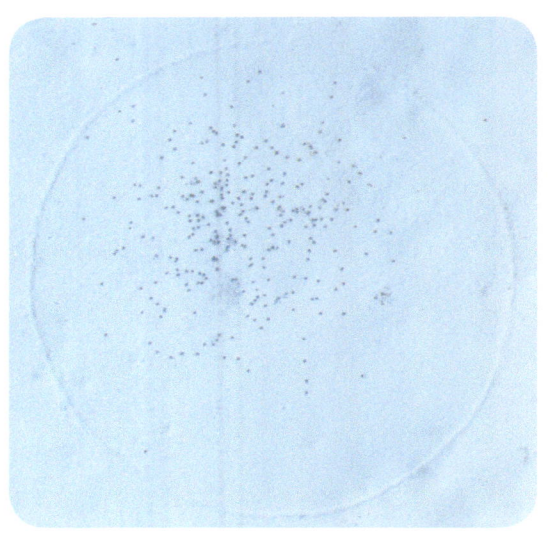
Streuung Kaliber 12 3/4 Choke (12er Kaliber)

Eine normale Wurfscheibe vor einem engen Streumuster

Die Scheibe zeigt die Auffächerung der Schrotkugeln beim Aufprall, aber eigentlich fliegen die kleinen Kugeln eher in einer Linie durch die Luft. Dabei ähnelt die Schrotmasse einer drei Meter langen dicken Zigarre mit unregelmäßigen Umrissen.

Einzelscheiben rechts-links

Nun werde ich Ihnen die Wurfscheibe zeigen, die Sie treffen sollen. Aus der Nähe betrachtet sieht sie aus wie eine kleine schwarze Scheibe, ein wenig wie eine dickrandige, umgedrehte Untertasse. Diese tönerne Wurfscheibe besteht aus einer Mischung aus Pech und Kalk. Sie ist widerstandsfähig genug, um aus der Wurfmaschine geworfen zu werden, aber ziemlich zerbrechlich, wenn sie von bloß wenigen Schrotkugeln getroffen wird. Diese Wurfscheiben sind biologisch abbaubar; die Bruchstücke zerfallen rasch zu harmlosem Staub.

Jetzt wollen wir eine nach der anderen ein paar Wurfscheiben im Flug betrachten. Wir haben es mit einer Einzelscheibe quer zu tun. Die Scheibe taucht in etwa 70 Metern Entfernung leicht rechts vor Ihnen auf. Sie fliegt von rechts nach links auf Sie zu und in einer Höhe von etwa 20 - 25 Metern an Ihnen vorbei. Diese Wurfscheibe ist Ihr erstes Ziel, das Sie treffen werden, indem Sie sich an die Sequenzen der „Grundmethode" halten.

Die „Grundmethode"

Ehe Sie den Schuss nach dieser Methode abfeuern, müssen Sie sich für einen „Schusssektor" und ein „Annahmefeld" entscheiden. Zunächst der Schusssektor: Hier handelt es sich um die Position auf der Flugbahn, bei der man die größte

Kaliber 28, Kaliber 20, Kaliber 12

Chance hat, die Wurfscheibe zu treffen. Das ist hauptsächlich eine Frage des Timings. Wenn man versucht, sie früher zu treffen, drückt man zu schnell ab.

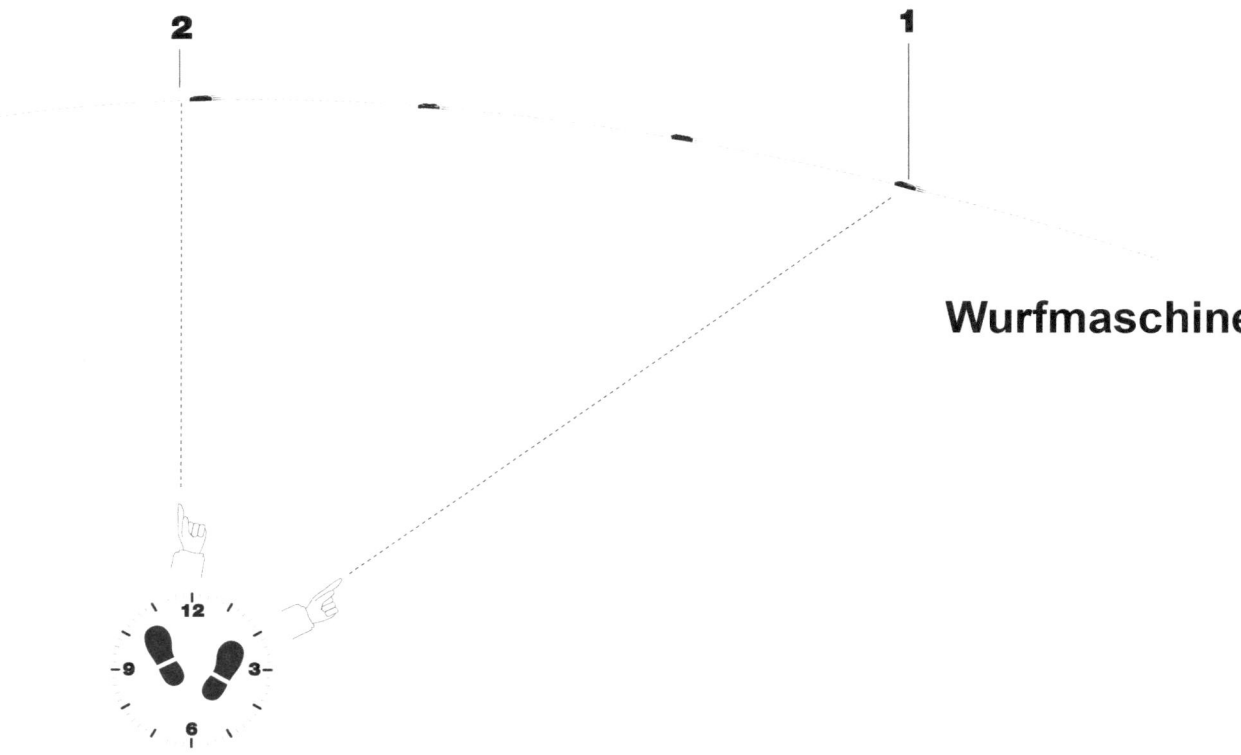

Fußstellung, Annahmefeld und Schusssektor bei einer Einzelscheibe rechts-links

Wenn man zu lange wartet, hat man vermutlich den Körper in eine hinderliche Position gedreht und versucht, aus diesem Stand heraus eine Scheibe zu treffen, die vom Höhepunkt der glatten, regelmäßigen Flugbahn aus schon wieder absinkt.

Orientieren Sie sich bei dieser Wurfscheibe an einem Punkt in der Flugbahn, für den Sie sich als Schusssektor entscheiden. Gut. Das ist ideal. Jetzt identifizieren Sie das richtige Annahmefeld. Aha, Sie deuten auf die Stelle, wo die Scheibe die Wurfmaschine verlässt. Hier ist die Geschwindigkeit am größten, daher würde ich den Annahmeraum ein wenig mehr nach links verlegen. Ja, genau, hier kann man die Scheibe viel deutlicher vor dem Himmel erkennen.

Denken Sie bitte daran, dass die Grundmethode systematisch zu lehren versucht, wie man eine Flinte auf natürliche Weise auf ein Ziel richtet. Wenn Sie bloß auf ein bewegliches Ziel deuten, würden Sie mit den Beinen die Körperrichtung ändern, um sich genau diesem Objekt zu stellen.

Sie haben jetzt also Ihren Schusssektor gewählt. Stellen Sie sich genau in dieser Richtung auf. Wann immer Sie nun abfeuern, stellen Sie sich vor, auf einem Uhrzifferblatt zu stehen, wobei das Schussfeld stets bei 12 Uhr ist. Setzen Sie die Füße auf die Position fünf nach elf, mit einem bequemen Fußabstand von fünfzehn bis zwanzig Zentimetern.

Überprüfen Sie diese „Uhrzeigerposition" unbedingt jedes Mal, denn dies sorgt dafür, dass sich Ihr Körper natürlich zum Punkt hin richten kann, wo Sie abfeuern. Wenn Sie die Position Ihrer Füße nicht checken, wenden Sie sich nämlich instinktiv in die Richtung, in der Ihr Ziel zuerst erscheinen wird.

Der nächste Schritt besteht darin, das bewegliche Ziel anzuvisieren. Setzen sie die Füße in „fünf nach elf"- Position und deuten mit dem Zeigefinger auf den gewählten Schussektor. Der linke Arm bleibt dabei leicht angewinkelt und entspannt. Jetzt bewegen Sie den Arm zurück entlang der erwarteten Flugbahn zum gewählten Annahmefeld. Rufen Sie ab und deuten mit der Linken auf die fliegende Scheibe, wobei beide Augen geöffnet sind.

Gut. Das wiederholen wir nun mehrere Male. Jedes Mal, wenn Sie die Scheibe anvisieren, kommt es einem ein wenig leichter vor und man findet auch, dass man mehr Zeit dazu hat.

Sie haben die Grundregeln der „Methode" bereits begriffen. Jetzt folgen nur noch zwei weitere Schritte, mit denen Sie lernen, die ungeladene Flinte auf eine fliegende Wurfscheibe zu richten. Aber zuerst müssen Sie lernen, wie man eine Flinte bequem hält und abzieht.

Sie haben gesehen, dass die Waffe ungeladen ist, daher kann ich sie jetzt schließen und Ihnen zeigen, wie man sie anlegt. Meine rechte Hand hält den Griff sicher, mein rechter Zeigefinger liegt neben dem Abzug. Der Kolben ruht fest in der Schulterbeuge, wobei der obere Teil, der Schaftrücken, eng an meine Wange gedrückt ist. Die Flinte liegt nun fest und sicher in einer Drei-Punkt Arretierung: rechte Hand, Wange und Schulterbeuge.

Nun zur linken Hand. Die Linke hält den Vorderschaft locker, wobei der linke Zeigefinger an der Seite nach vorn zeigt. Der gestreckte Zeigefingers verhindert, dass ich den Schaft zu fest umklammere. Dadurch würden meine Armmuskeln angespannt und verhinderten einen natürlichen Anschlag.

Der ausgestreckte Zeigefinger ist auch eine Erinnerung daran, dass die Flintenläufe bloß eine Verlängerung der linken Hand darstellen und lediglich auf ein bewegliches Ziel gerichtet werden.

Wenn man die Flinte auf diese Weise hält, bleiben Kopf und Blick auf den Lauf ausgerichtet. Außerdem fängt der Körper so den Rückstoß ohne Nachwirkungen auf.

Jetzt nehmen Sie die ungeladene Waffe und stellen sich genau so auf, wie ich es zuvor beschrieben habe. Um die Flinte zu schließen, halten Sie sie mit der Rechten gegen die Hüfte. Achten Sie darauf, dass die Läufe zu Boden gerichtet sind, dann greifen Sie die Läufe am Vorderschaft und drücken sie fest von sich. Die Schäftung, das Schloss und Ihr Körper werden nun effektiv als Hebel eingesetzt, um die Flinte sicher und bequem zu schließen.

Ihr rechter Zeigefinger liegt außerhalb des Abzugbügels neben dem Schloss. Nun legen Sie die Flinte an. Lockern Sie die rechte Hand beim Anheben des Schafts, bis sich der Kolben in die Schulterbeuge bettet. Mit festerem Griff um die Schäftung wird der Kolben anschließend in die Wange gedrückt.

Nun lockern Sie den Griff mit der Linken und ziehen sie ein wenig zurück. Ihr linker Arm ist nun in einer natürlichen, entspannten Position.

Das ungewohnte Gewicht der Flinte bewirkt vermutlich, dass Sie sich leicht zurücklehnen. Beugen Sie sich aber leicht nach vorne zum Kolben und verlagern das Hauptgewicht auf den linken Fuß. Dieser wird nun zum natürlichen Drehpunkt, über dem Sie den Oberkörper bewegen, wenn Sie die Flinte auf ein bewegliches Ziel richten.

Korrekter Anschlag

Jetzt üben wir, wie man die Flinte von der Schulter nimmt, wie man sie bricht und wieder schließt, um sie erneut in Anschlag zu bringen. Üben Sie dies mehrere Male. Denken Sie stets daran, die Waffe nach unten zu richten, ehe Sie das Schloss öffnen, so dass die Mündung sicher zu Boden zeigt, wenn Sie die Flinte wieder schließen.

Doch zurück zur Grundmethode. Rufen Sie sich in Erinnerung, dass die Gewehrläufe eine Verlängerung Ihrer linken Hand darstellen, mit der Sie auf ein bewegliches Ziel deuten. Man visiert korrekt, wenn man die Wurfscheibe direkt über dem Korn am Laufende erblickt.

Flinte liegt eng an Wange und Schulterbeuge an

Von nun an werde ich Sie bei der Aufforderung, auf eine Wurfscheibe zu zielen, in Wirklichkeit stets auffordern, die Flintenmündung unterhalb dieses Ziels zu platzieren. Man sollte zwischen dem Korn und der Wurfscheibe immer einen Streifen Licht erkennen können.

Korrekter Griff der linken Hand

Das „Zielbild" (oder Trefferbild), das Sie bei einer von rechts nach links quer fliegenden Scheibe sehen müssen

Die Methode für eine Einzelscheibe quer

1. Visieren Sie das Ziel an.
2. Richten Sie die Flinte aus und führen das Ziel.
3. Zielen Sie auf einen Punkt vor der Scheibe und drücken ab

Flinten sind so ausgerichtet, dass der Schrot zu etwa zwei Dritteln oberhalb des Zielpunkts gestreut wird. Das ermöglicht dem Schützen, das Ziel gut und deutlich im Auge zu behalten, und sorgt dafür, dass es mit dem mittleren Teil der Schrotgarbe getroffen wird.

Legen Sie die Flinte bequem an, richten Sie die Läufe auf den Schusssektor und bewegen sie dann entlang der erwarteten Flugbahn zurück zum Annahmeraum. Rufen Sie ab und richten die Waffe einfach auf die fliegende Scheibe. Warten Sie den Punkt ab, wo die Scheibe direkt über dem Korn zu sehen ist.

Nun zu den letzten beiden Bewegungen der Grundmethode. Wenn Sie schießen, indem Sie die Mündung direkt auf das bewegliche Ziel richten (das wird Ihnen nämlich Ihr Gehirn raten), wird die Masse der Schrotkugeln dahinter landen und es verfehlen.

Denn während Ihre Augen und Ihr Hirn die Botschaft an den Abzugsfinger senden, abzudrücken, und während die Schrote noch durch die Luft fliegen, hat sich Ihr Ziel schon wieder weiter bewegt.

Um diese Verzögerung auszugleichen, muss man die Mündung auf einen Punkt vor dem Ziel richten, damit die Schrotkugeln sie treffen und „erlegen". Vor dem inneren Auge sollte man die Mündung so sehen, als würde sie das Ziel „führen". Diesen Abstand könnte man als „Führungsdistanz" bezeichnen, aber auch als „Schussbild". Das ist natürlich von der Geschwindigkeit, der Entfernung und dem Winkel des beweglichen Ziels in Bezug zum Schützen abhängig. Ich zeige Ihnen hier die entsprechende Führungsdistanz für dieses Ziel.

Erkennen Sie den Abstand zwischen dem Ende der Läufe und der Wurfscheibe direkt dahinter? Das ist die Führungsdistanz, die Sie erkennen müssen, um diese Scheibe zu treffen. Sie müssen sich den Abstand zwischen der Scheibe und der Gewehrmündung genau vorstellen und auf das Ziel in der Luft übertragen

Wenn man das Ziel vom Annahmefeld aus im Blick hat, sollte man die Führungsdistanz bestimmen, noch ehe man den Schusssektor erreicht hat. Dies erreicht man, indem man die linke Hand kontrolliert nach links bewegt. Diese kontrollierte Beschleunigung nenne ich „Push", daher sollten Sie, immer wenn ich „Push" rufe, die Führungsdistanz finden und schießen.

Vielleicht ist das alles ein bisschen viel auf einmal. Daher will ich es zusammenfassen:

Suchen Sie das Ziel (und richten die Waffe darauf aus)

Bewegen Sie die Flintenläufe mit der Wurfscheibe,

Beschleunigen Sie die Bewegung bis zu einem Punkt vor der Wurfscheibe (die Führungsdistanz) und schießen.

Jetzt können Sie die gesamte Grundmethode durchprobieren, aber nur mit einer Pufferpatrone, die Ihnen ermöglicht, den Abzug zu betätigen und den Schlagbolzen zu aktivieren, ohne den Mechanismus zu beschädigen.

Die gesamte Abfolge ist also:

- Füße in die korrekte Position bringen
- Gewehr in Anschlag bringen
- Finger neben dem Abzugshahn
- Abrufen
- Ziel anvisieren
- Ziel mit dem Flintenlauf verfolgen
- Flintenlauf vor das Ziel auf der erwarteten Flugbahn richten (Führungsdistanz)
- Schuss

Anschließend die Waffe senken und sichern.

Beim Öffnen des Schlosses wird die Pufferpatrone ebenso ausgeworfen wie eine echte Patrone. Ich lade eine neue Pufferpatrone für Sie. Fertig? Rufen Sie ab, visieren Sie die Scheibe an, zielen Sie auf einen Punkt davor und drücken ab. Gewehr senken und sichern. Gut. Wiederholen Sie dies mehrere Male. Sie haben es gut begriffen und folgen den korrekten Anweisungen der Grundmethode.

Aber es gibt ein kleines Problem. Ich habe bemerkt, wenn Sie die Flinte auf die Wurfscheibe richten, visieren Sie immer einen Punkt links oder davor an. Vermutlich ist Ihr linkes Auge schärfer als Ihr rechtes. Schützen nennen das ein „Führungsauge".

Ich möchte Sie nun bitten, die Bewegungen der Grundmethode zu wiederholen, aber dieses Mal das linke Auge zu schließen, wenn Sie das Ziel zuerst anvisieren.

Alles klar? Rufen Sie ab, visieren Sie an, bewegen Sie sich mit der Scheibe, zielen Sie auf einen Punkt davor. Das ist besser. Nun richten Sie die Waffe tatsächlich direkt auf das Ziel, bis Sie die Führungsdistanz bestimmen. Sorgen Sie sich nicht um Ihr Führungsauge, so etwas ist sehr verbreitet und kein Grund, dass Ihre Sehfähigkeit beeinträchtigt wäre.

Ich werde Ihnen am Ende dieser Lektion die Auswirkung eines „falschen" Führungsauges auf der Anschusswand zeigen.

Die Sicherheitsregeln

Als nächstes folgen die Sicherheitsregeln, die unbedingt befolgt werden müssen, wenn Sie mit scharfer Munition arbeiten.

Eine geladene Flinte darf nur und ausschließlich auf eine bestimmte Wurfscheibe angelegt werden. Wenn Sie durch ein Geräusch oder eine Bewegung abgelenkt werden, müssen Sie die Waffe sofort senken und sichern.

Wenn die Wurfscheibe beschädigt erscheint oder von der erwarteten Flugbahn abweicht oder aber auftaucht, noch ehe Sie bereit sind, senken Sie die Waffe und sichern sie.

Sobald Sie geschossen haben, senken Sie die Waffe und sichern sie.

Am wichtigsten ist die Regel: Sie haben den Abzug der geladenen Flinte betätigt, aber die Waffe feuert nicht. Sofort senken und sichern.

Den letzten Punkt möchte ich erläutern. Es ist meine persönliche Meinung, die auf 55 Jahren Schießerfahrung beruht. Eine Flinte, bei der die Zündung versagt, sollte sofort gesichert werden. Bestimmte Verbände haben jedoch auch die Regel, die Waffe bei einer Zündverzögerung erst nach 30 Sekunden zu sichern.

Bei Schießwettkämpfen gilt oft auch die Regel, dass bei einer Fehlzündung zunächst der Schiedsrichter beigezogen werden muss, ehe die Waffe gesichert wird. Der Schiedsrichter prüft, ob der Teilnehmer nicht vergessen hat, vor dem Abruf der Wurfscheibe die Waffe zu entsichern.

Zusammenfassend kann gesagt werden, dass man sich auf seinen gesunden Menschenverstand verlassen und gleichzeitig alle entsprechenden Wettkampfregeln befolgen sollte.

Das Treffen der Scheibe mit scharfer Munition

Nun wollen wir mit scharfer Munition üben. Nehmen Sie die Flinte in die Hand, öffnen Sie sie und prüfen, ob beide Läufe leer sind. Ich habe eine einzige Patrone geladen. Schließen Sie die Flinte und halten den Zeigefinger außerhalb des Abzugsbügels neben dem Schloss.

Nun setzen Sie die Flinte locker an Wange und Schulter an und richten sie auf den Schusssektor. Drehen Sie die Mündung in Richtung auf das Annahmefeld und rufen ab. Visieren Sie die Wurfscheibe an, führen Sie sie, überholen Sie im Schusssektor und drücken ab. Flinte senken und sichern. Großartig! Ihr erster Treffer! Versuchen Sie es gleich noch einmal.

Probieren Sie weiter. Sie haben ein paar Wurfscheiben verfehlt, weil Sie vergessen haben, den Schusspunkt vor dem eigentlichen Ziel anzuvisieren. Die projektierte Flugbahn vor dem inneren Auge, das Schussbild, ist der einzige Teil der Grundmethode, der anfangs für Augen und Gehirn fremd ist.

Denken Sie daran, dass der stärkste, natürlichste Trieb ist, direkt auf ein Ziel zu feuern - Ihre Flinte ist immerhin eine Waffe, wobei die Wurfscheibe das Ziel ist. Jeder weiß, dass man Waffen auf ein Ziel richtet! Schon als Kinder lernen wir spielerisch, Ziele anzupeilen, die wir treffen wollen.

Keine Sorge, mit ein wenig Übung wird es bald zur natürlichen Angewohnheit, die notwendige Führungsdistanz zu bestimmen und ein Ziel auf der projektierten Flugbahn anzuvisieren.

Denken Sie niemals an die Wurfscheiben, die Sie verfehlt haben. Freuen Sie sich über Ihre Treffer!

Das Treffen der hereinkommenden Scheibe

Unser nächstes Ziel ist eine hereinkommende Wurfscheibe. Hier haben wir eine andere Flugbahn vor uns. Diesmal erscheint die Wurfscheibe in etwa 80 Metern Entfernung vor Ihnen, fliegt auf Sie zu und in einem Abstand von etwa 17 Metern über ihren Kopf hinweg. Die Methode bleibt die gleiche, aber die Stellungen sind leicht geändert.

Ihre Fußstellung ermöglicht Ihnen, sich auf den Punkt auszurichten, wo die Wurfscheibe auftauchen wird, denn sie fliegt ja direkt auf Sie zu. Ihr bester Schusssektor liegt vor Ihnen in einem Winkel von etwa 70° bis 80°.

Man visiert das Ziel an und führt die Flinte wie zuvor. Der wichtigste Unterschied aber ist, dass man die Scheibe nicht mehr sehen kann, wenn man das Schussfeld vor der erwarteten Flugbahn anpeilt. Sie wird an diesem Punkt von den Flintenläufen und dem Rest der Flinte verdeckt. Und genau diese Situation, wenn man die Scheibe aus den Augen verliert, sagt einem, dass man schießen muss. Wir nennen dies ein „ausgeblendetes Ziel". Es wird genauso wie zuvor durch die kontrolliert beschleunigte Führung der Flinte erreicht, durch einen sanften Druck mit der Linken.

Zunächst üben wir ein paar Mal mit ungeladener Flinte.

Vermutlich werden Sie anfangs feststellen, dass Augen und Gehirn es nicht mögen, wenn sie das Ziel aus den Augen verlieren. Sagen Sie sich: „Push und Ausblenden!"

Bei der Vorbereitung auf dieses Ziel lehnen Sie sich in die Flinte und verlagern das Gewicht deutlich nach vorn. Man verhindert so, dass das Gewicht der Flinte einen zurückzwingt, wenn man das herannahende Ziel anvisiert: Daher streckt man das rechte Bein und hebt die rechte Ferse an.

Nun probieren wir es ein paar Mal mit hereinkommenden Scheiben. Setzen Sie die Flinte locker zwischen Wange und Schulterbeuge an. Richten Sie die Mündung auf das Annahmefeld. Rufen Sie ab. Visieren Sie das Ziel an, führen Sie es mit dem Lauf, zielen Sie auf den Punkt davor, wenn es ausgeblendet ist und drücken ab! Sagen Sie beim Schuss stumm das Wort „Push". Gleichzeitig disziplinieren Sie sich, indem Sie sich auf das Gefühl des Kolbens an der Wange konzentrieren.

Gut. Sie haben ihr erstes Frontalziel getroffen. Versuchen Sie es weiter. Zwischen den einzelnen Schüssen gönnen Sie sich eine Pause, denn es besteht kein Grund zur Eile. Entspannen Sie sich, dann konzentrieren Sie sich voll, sobald Sie abrufen. Entspanntheit, Konzentration und Selbstvertauen sind die Grundbedingungen für einen erfolgreichen Schützen.

Lassen Sie sich von ein paar Fehltreffern nicht entmutigen, aber ich kann Ihnen eine Erklärung geben, warum Sie die Frontalziele verfehlt haben, die sie schon sicher getroffen glaubten. Wenn Ihr Schuss verfehlte, hatten Sie die Wange leicht vom Kolben gelöst, weil sie den Kopf über das Korn hinweg gehoben haben. Sie wissen ja, man hat einen ausgeprägten Drang, ein Ziel direkt anzuvisieren. Dazu kommt der ganz normale Widerstand, ein Ziel bewusst aus den Augen zu verlieren, das man zu treffen versucht. Man kann zu diesen beiden starken Trieben einen dritten hinzufügen: Sie haben den ausgeprägten Wunsch, weiterhin erfolgreich zu sein. Sie wissen, dass Sie die Wurfscheiben treffen können, daher wollen Sie die Sache genau im Auge behalten, um das zu erreichen.

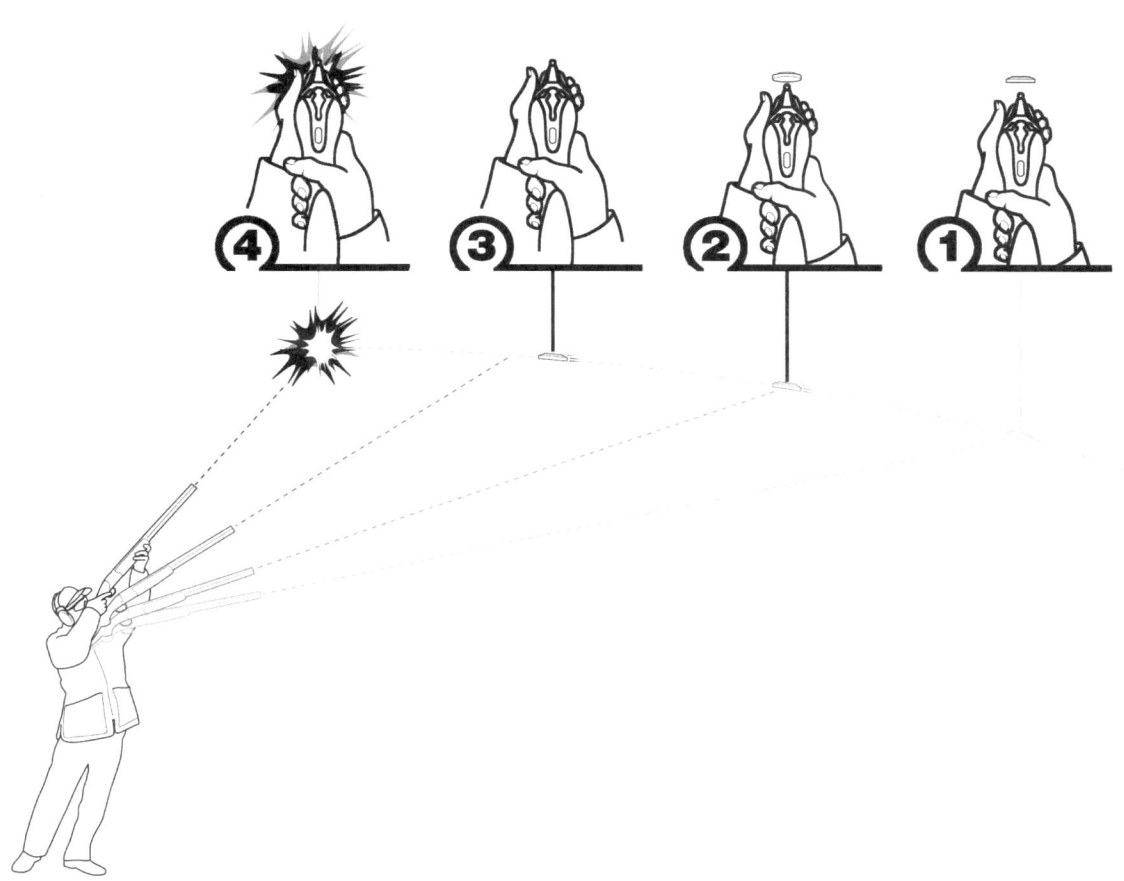

Die Grundmethode bei einer hereinkommenden Wurfscheibe

1. Das Ziel anvisieren
2. Auf das Ziel ausrichten und mit der Bewegung führen
3. Die Flintenläufe vor das Ziel richten (ausblenden)
4. Schießen wenn beide Läufe die Wurfscheibe ausblenden

Das „falsche" Führungsauge

Ich möchte Ihnen nun zeigen, welche Wirkung ein linkes Führungsauge auf einen rechtshändigen Schützen hat.

Zunächst feuere ich mit geschlossenem linken Auge aus einer Enfernung von 25 Metern auf eine Markierung in der Mitte der Zielwand. Man sieht, wie weit der Schuss vom Ziel abweicht. Nun simuliere ich ein linkes „Führungsauge", indem ich das rechte Auge schließe. Mein linkes Auge sagt dem Gehirn, dass die Waffe immer noch auf einen Punkt in der Mitte gerichtet ist. Schauen wir, was passiert, wenn ich jetzt abdrücke. Das Treffmuster ist auf der linken Seite der Zielplatte. Dies ist die Folge davon, dass das linke Auge die Flinte überzieht, um sich auf eine Linie mit der Mündung zu bringen.

Ein falsches Führungsauge ist unter Sport- und Jagdschützen weit verbreitet. Die meisten gleichen es aus, indem sie lernen, genau dieses Auge zuzukneifen. Wenn dies einem nicht behagt, kann man das Problem leicht mit einer Brille lösen, bei der die Linse vor dem Führungsauge leicht getrübt ist, so dass sich das nicht-dominante Auge auf das Ziel einstellt.

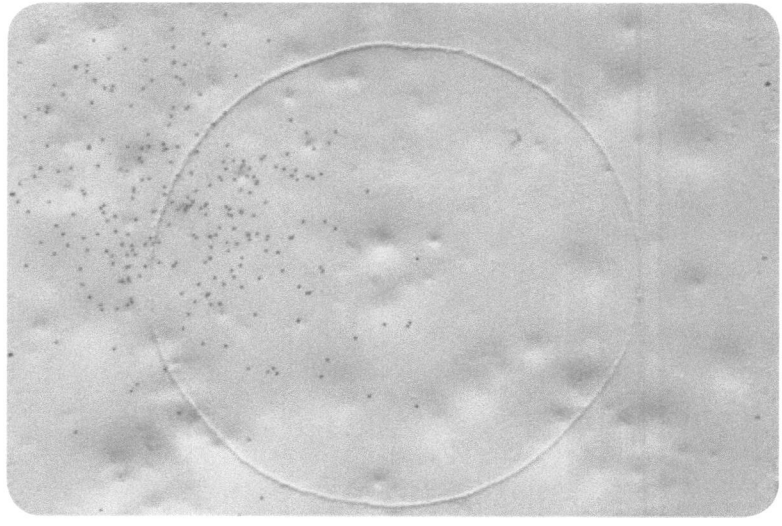

Trefferbild eines Rechtshänders mit geöffnetem, dominantem linken Führungsauge,

Meiner praktischen Erfahrung nach haben etwa 40% der männlichen und 90% meiner weiblichen Schüler ein solches „falsches" Führungsauge.

Manche rechtshändigen Schützen ziehen es auch vor, das linke Auge beim Zielen auf eine Wurfscheibe zu schließen (und umgekehrt für Linkshänder). Solange Sie das Ziel mit beiden Augen anvisieren, würde ich sagen, dass man sich so verhält, wie es für einen selbst am besten ist.

Diejenigen, die erfolgreich mit zwei offenen Augen schießen können (binokular), haben natürlich das Glück, ihre beidseitige Sehfähigkeit erhalten zu haben. Zwei Augen senden vermutlich effizientere natürliche Signale ans Gehirn. Trotz der offensichtlichen Vorteile, wenn man mit beiden Augen anvisiert, sollte man sich nicht entmutigen lassen, wenn man das eine oder andere Auge zukneifen muss.

Es ist wirklich Zeit, dass man die alte Regel abschafft, immer nur mit beiden Augen offen zu schießen.

Was ist vor der nächsten Lektion zu beachten?

Sehr gut! Sie haben ihre erste Schießlektion gut absolviert. Sie haben gelernt, mittels der „Grundmethode" eine Wurfscheibe quer und herankommend sicher und ohne Unannehmlichkeiten zu treffen.

In der nächsten Lektion lernen Sie, wie man querfliegende Wurfscheiben aus größerer Distanz trifft und die dazu notwendigen Änderungen in der Führungsdistanz. Sie werden auf Wurfscheiben links-rechts zielen und Dubletten ausprobieren.

Noch ein Wort zu Ihrer Ausrüstung. Sie sind inzwischen restlos begeistert von Ihrem neuen Hobby. Das ist großartig. Jetzt neigen Sie ganz normal dazu, sich eine neue Flinte und alles mögliche Zubehör zu kaufen. Warten Sie aber mit dem Kauf der Flinte. Sie werden mit Sicherheit ein größeres Kaliber bevorzugen, aber wir haben alle möglichen verschiedenen Flinten für unsere Lektionen parat. Mit Ihrer neugewonnenen Schießerfahrung wissen Sie nun auch genauer, welchen

Waffenstil Sie bevorzugen. Sie können allerdings jetzt Pläne schmieden, was Sie sich in Zukunft an Ausrüstung zulegen wollen. Stellen Sie sich nur vor, wie sich ihre Familie über Ihre Wunschliste freut, weil sie nun endlich wissen, was sie Ihnen zum nächsten Geburtstag schenken werden.

Ganz oben auf Ihrer Liste sollte allerdings der Antrag auf eine Waffenlizenz stehen.

Waffen und Munition müssen nach den gesetzlichen Vorgaben (Waffen-Munitionsschrank etc.) aufbewahrt werden.

Bei unserem Schießkurs stellen wir alle nötigen Ausrüstungsgegenstände zur Verfügung, aber vielleicht möchten sie einige davon jetzt schon auf Ihre Wunschliste setzen.

Eine Schutzbrille ist für mich unbedingt nötig. Man braucht eine Brille, um die Augen vor herabfallenden Tonstückchen zu schützen. Ultraviolette Linsen dienen aber auch dazu, Ihre Sehkraft bei unterschiedlichen Lichtverhältnissen zu verbessern. Wir geben Ihnen gelbe Linsen für trübes Wetter und dunkle bei greller Sonne. Vielleicht entscheiden Sie sich für Schutzbrillen mit verschiedenen Farbtönungen.

Ohrenschützer sind für mich ebenfalls unbedingt notwendig. Sie dienen dem langfristigen Schutz Ihres Gehörs, aber Sie werden auch merken, wie viel wohler Sie sich damit fühlen. Manche Schützen ziehen Ohrenstöpsel vor, die das Trommelfell vor den Hochfrequenzgeräuschen der Schüsse schützen. Aber nur Ohrenschützer, die das gesamte Ohr bedecken, schützen Sie vor künftigen Gehörproblemen.

Ich stelle Ihnen bloss passive Schützer zur Verfügung. Vielleicht entscheiden Sie sich für elektronische Ohrenschützer, wie ich sie trage. Sie bieten vollen Schutz vor den Hochfrequenzgeräuschen der Schüsse, lassen aber normale Stimmen und andere natürliche Niederfrequenzgeräusche durch.

Bei allen offiziellen Schießwettkämpfen ist das Tragen von Ohren- und Augenschutz vorgeschrieben.

Nun zu Ihrer aktuellen Wunschliste:

- Ein Schützenhut, mit einer steifen Krempe und einem festen Schirm. Das ist keine Pflicht, doch ich würde Ihnen stark dazu raten. Ein solcher Hut (oder eine Kappe) schützt Sie vor herabfallenden Tonfragmenten, und darüberhinaus vor der Sonne, vor Regen und feuchten Wetterbedingungen. Ein hoher Schirm reduziert auch die Reflexion bei starker Sonneneinstrahlung.
- Eine Schießweste und später dazu eine langärmlige wetterfeste Version für den Winter
- Eine Munitionstasche, in der man die Schachteln oder lose einzelne Munition aufbewahrt. Diese Taschen bestehen gewöhnlich aus Leder und passen oft auch zum Lieblingsfutteral Ihrer Flinte! Ich habe keine Ahnung, wie großzügig Ihre Familie ist...
- Eine leichte, wetterfeste Jacke und bequemes, wetterfestes Schuhwerk.

Das wäre es für den Moment, aber man kann diese Liste natürlich nach Lust und Laune verlängern. Wenn Sie sich schließlich Ihre eigene Flinte kaufen, brauchen Sie auch das nötige Putzzeug, das man beim Waffenhändler, zusammen mit einem leichten Futteral, manchmal auch als Zugabe bekommt.

Doch auf Ihrer Liste für die Vorbereitung auf das Wurfscheibenschießen fehlt noch ein wichtiger Posten: Alle veranwortlichen Schützen haben eine ausreichende Haftpflichtversicherung. Am leichtesten erlangt man diese Versicherung über den örtlichen Schützenverein oder Schießclub.

Für den Erwerb einer eigenen Flinte müssen Sie die nationalen Gesetze und Vorschriften beachten.

Wenden Sie sich am besten an einen Schützenverein, der die Sparte „Wurfscheibenschießen" anbietet.

Für Jäger (nach bestandener Jägerprüfung und Lösen des Jagdscheins) ist der Erwerb von Flinten problemlos möglich, und der Jagdschein ist gleichzeitig der Nachweis für das Vorliegen einer entsprechenden Haftpflichtversicherung.

Das „Nachschwingen"

Erfahrene Schützen und Ausbilder haben vielleicht bemerkt, dass ich in den Texten und Abbildungen jene Phase ausgelassen habe, die man als „Nachschwingen" bezeichnet. Dies geschah bewusst, aber vielleicht erkläre ich besser meine Gründe dafür.
Vor vielen Jahren wurde ich mit der Methode der CPSA (*Clay Pigeon Shooting Association*) vertraut gemacht und war rasch restlos begeistert von diesem wunderbar einfachen System, wie man Anfängern das Wurfscheibenschießen nahebringt. Diese Methode hatte einen Bestandteil, den man Nachschwingen nannte - die letzte Bewegung im Schussablauf mit der Flinte. Ich habe dieses Nachschwingen jahrelang sklavisch befolgt, bedauere aber heute, dass dies in der letzten Version dieses Buches von 1991 auftaucht.

Denn Gottseidank habe ich immer weiter dazugelernt, und dabei fiel mir vor ein paar Jahren auf, dass dieses „Nachschwingen eine unnatürliche und unnötige Bewegung ist. Ja, die Flinte ist beim Abzug immer noch in Bewegung, aber ich bin heute überzeugt, dass mit der Grundmethode die Flinte ganz natürlich in eine abschließende Haltung gebracht wird.

Meine Gedanken dazu sind: Wenn die Waffe auf ein bewegliches Ziel gerichtet wird, wird sie ganz natürlich auch im angemessenen, angeglichenen Tempo bewegt. Wenn die relative Bewegung der Flinte beschleunigt wird, um das Schussfeld zu erreichen und der Abzug bei Erkennen des Zielbildes betätigt wird, kommt die Flinte ganz natürlich allmählich wieder zum Stillstand.

Schlicht gesprochen geschieht das „Nachschwingen" völlig natürlich.

Ich höre zwar immer wieder den Satz „Ich brachte die Flinte zum Stillstand", aber meiner Meinung nach geschieht diese Bewegung nur selten bewusst. Ich verstehe allerdings, wenn manche meinen, sie hätten dieses Nachschwingen bewusst vorgenommen.

Bei der Bestimmung der Führungsdistanz herrscht eine verbreitete Reaktion, dieses Bild so präzise wie möglich festzulegen. Das führt oft zu einem Sekundenbruchteil des Zögerns. Man versucht bewusst, das Schussfeld zu bestimmen. Ich nenne diesen Moment „Playback". Er ist kaum in Zeiteinheiten zu messen, aber lang genug, um das Ziel zu verfehlen.

Ob Sie sich noch als Anfänger fühlen oder aber auch schon als erfahrener Schütze, ich schlage vor, diese „Nachschwingphase" zu vergessen. Vertrauen Sie Ihren Händen und vermeiden Sie den Anspruch auf Perfektion. Die Führungdistanz und der Schusssektor entsprechen immer nur Annäherungswerten.

Zweite Lektion
Neue Herausforderungen

Willkommen zur zweiten Schießlektion. Wir werden hier weitere Einzelscheiben anvisieren, denen wir schon in der ersten Lektion begegnet sind.

Das Laden einer Flinte Kaliber 20

Von diesem Punkt an werden Sie Ihre Flinte immer selbst laden, und ich zeige Ihnen, wie man das am einfachsten und effektivsten vornimmt. Sie haben bisher noch keine Rückstoßwirkung an Schulter oder Wange erlebt, daher benutzen wir heute eine Flinte Kaliber 20.

Diese Waffe hat die gleiche Größe und stammt vom gleichen Hersteller. In der Handhabung ist sie genau so wie die 28er, fühlt sich aber etwas schwerer an. Sie werden diese Flinte immer noch als angenehm empfinden, denn wir haben den Schaft mit 150 Gramm Blei beschwert und ein höchst wirksames Rückstoßpolster am Kolben angebracht. Weiterhin werden wir in diesem Sinne eine leichte Patrone benutzen, bei der die Rückstoßwirkung akzeptabel ist.

Ein paar Anmerkungen zum Laden. Für einen Rechtshänder ist das Laden am einfachsten, wenn man die losen Patronen in der linken Jackentasche aufbewahrt. Das erfordert weniger Bewegungen, als wenn die Patronen sich in der rechten Tasche befinden und mit der Rechten hervorgeholt werden. Außerdem hält man die Waffe dann auch kontinuierlich mit der natürlichen Griffhand (rechts). So gewöhnt man sich einen natürlichen, glatten Bewegungsablauf beim Laden an.

Üben Sie die Bewegungen beim Laden ein paar Mal mit der Linken, wobei Sie Pufferpatronen aus der linken Tasche nehmen.

Sie haben ihre Flinte, Patronen, eine Kappe, Gehörschutz und eine Schutzbrille, und ich zeige Ihnen eine fliegende Wurfscheibe, ehe Sie mit dem Zielen und Schießen beginnen.

Hier kommt die erste Scheibe. Setzen Sie den Schusssektor fest, führen Sie den Vorderschaft zurück zum Annahmefeld, rufen sie ab, nehmen Sie die Scheibe an, führen Sie die Flinte mit der Flugbahn, überholen Sie die Scheibe und setzen die Führungsdistanz fest. Bei diesem bestimmen Ziel sollte man zwischen Korn und Scheibe einen Abstand von etwa 15 Zentimetern erkennen.

Okay. Nun laden Sie die Patrone, visieren das Schussfeld an, führen die Flinte zurück zum Annahmepunkt und rufen ab. Dann nehmen Sie die Scheibe an, bewegen sich mit Führungsdistanz und schießen. Flinte senken und öffnen.

Sehr gut! Machen Sie weiter, großartig! Fünf Wurfscheiben - fünf Treffer.

Das Führen der Scheibe in größerem Abstand

Nun lassen Sie uns einige Meter zurückgehen. Schauen Sie sich die Wurfscheiben an und schießen Sie einige.

Diesmal haben Sie ein paar Scheiben verfehlt. Denken Sie daran, dass sich das Ziel in größerem Abstand vor Ihnen bewegt. Ihr Schrot fliegt weiter als zuvor. Vergrößern Sie Ihre Führungsdistanz. Versuchen Sie es nochmal. Gut. Jetzt weichen wir noch weiter zurück. Beobachten Sie eine weitere Wurfscheibe im Flug. Ja, sie scheint sehr weit weg, aber man kann sie immer noch treffen, sofern man die richtige Führungsdistanz bestimmt.

Versuchen Sie es noch ein paar Mal. Reagieren Sie nicht frustriert, wenn Sie sie verfehlen. Die Scheibe flog immerhin im Abstand von 40 Metern und mit einer Geschwindigkeit von fast 100 km/h an Ihnen vorbei! Momentan verfehlen Sie das Ziel oberhalb und leicht dahinter. Das Schussfeld liegt aber immer knapp unterhalb, daher denken Sie an den Streifen Licht zwischen Korn und Wurfscheibe.

Bei diesem Ziel braucht man ein größeres Vorhaltemaß. Die nächste Scheibe überholen Sie bis zu einer Führungsdistanz von etwa 60 Zentimeter vor der Scheibe.

Nochmal! Führen Sie die Flinte leicht und zielstrebig am Ziel vorbei. Getroffen! Sehr gut. Das ist sehr befriedigend, nicht wahr? Probieren Sie es weiter. Rechnen Sie aus dieser Entfernung nicht mit unmittelbaren Erfolgen.

Bei Zielen aus dieser Entfernung muss man länger üben. Flinte und Patronen sind aber absolut für Wurfscheiben mit dieser Distanz geeignet. Es sind eher psychologische Probleme, die einem Schützen zu schaffen machen. Erstens, der Abstand wirkt entmutigend. Zweitens, aus dieser Entfernung scheint die Wurfscheibe sehr langsam zu fliegen. Dies schickt durch den Sehnerv die Botschaft ans Gehirn, dass man nur wenig Vorhaltemaß braucht. Drittens, das Gehirn wehrt sich, die Flinte so weit vor das Ziel zu führen, weil es glaubt, an diesem Punkt würde man nicht treffen.

Denken Sie auch daran, dass das Schießen auf ein bewegliches Ziel eine sehr urzeitliche, archaische Tätigkeit ist. Ihre Flinte ist die Waffe, die Wurfscheibe ist Ihre Beute. Natürlich wollen Sie sie erlegen.

Ihre Frustration wird noch dadurch verstärkt, dass Sie vermutlich immer länger vor dem Vorschwingen zögern, je stärker Sie sich darauf konzentrieren, die Führungsdistanz korrekt hinzubekommen.

Sie stehen vor der Herausforderung neuer Ziele und wie man sie beherrscht - verbunden mit der Freude, sie zu meistern und die Beute zu erlegen.

Scheiben von rechts nach links

Betrachten wir eine neue Flugbahn, von links nach rechts. Die Wurfscheibe taucht hierbei links von Ihnen auf, fliegt auf Sie zu und in 20 Metern Entfernung über Ihren Kopf hinweg nach rechts.

Beobachten Sie zunächst ein paar vorbeifliegende Wurfscheiben und probieren dann aus, eine zu treffen. Schwerer als es aussieht, nicht wahr? Doch die einzige Schwierigkeit bei links-rechts Einzelscheiben ist, dass man die Flinte und den Körper unnatürlich bewegen muss. Das Ziel bewegt sich entgegen der natürlichen Körperbewegung.

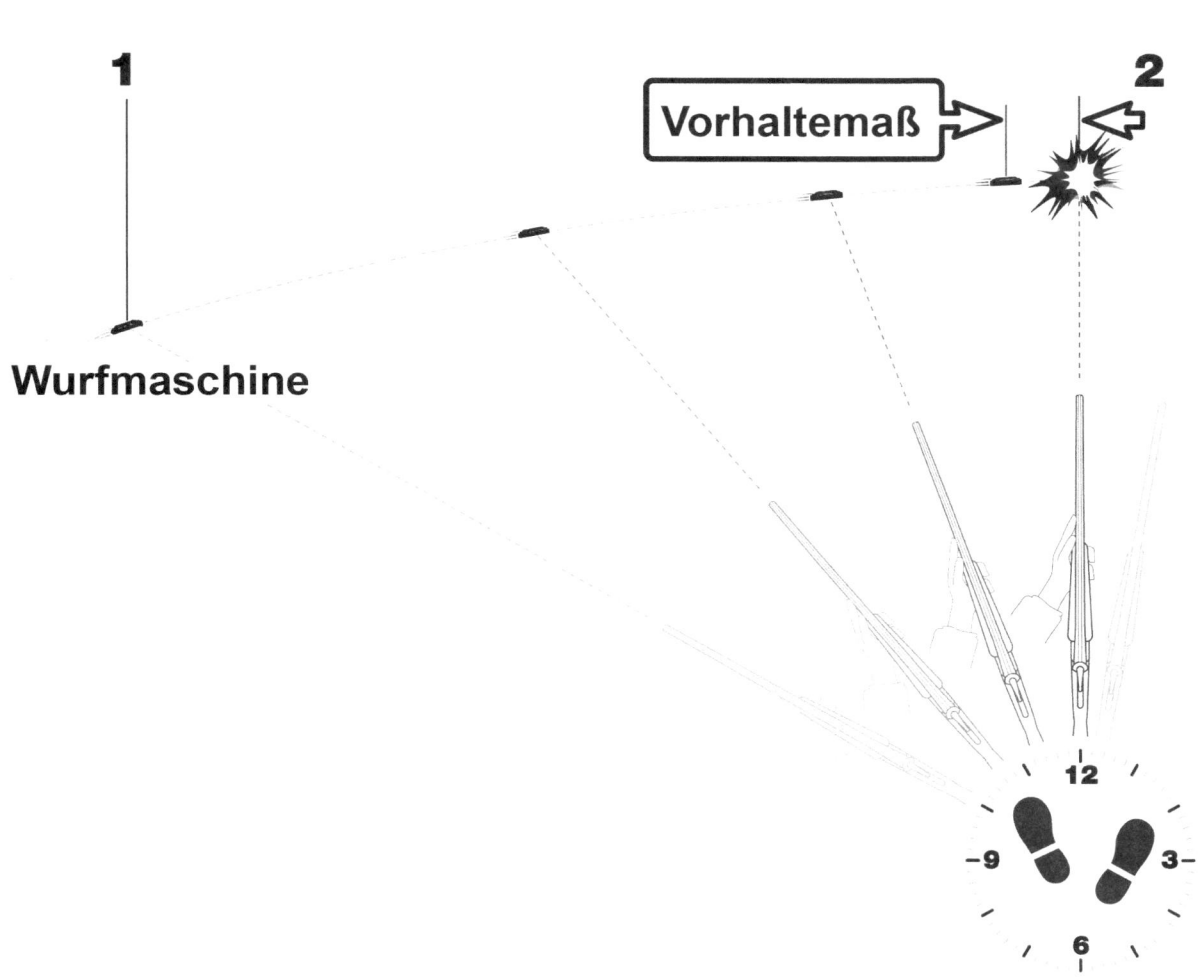

1 Annahmepunkt, 2 Schusssektor
Fußstellung fünf-nach-elf
Die „Grundmethode" bei einer Wurfscheibe von links-rechts

Erstens müssen Sie den Schusssektor weiter nach rechts verlegen. Idealerweise liegt er direkt vor Ihnen in einem Winkel von 90 °, denn hier können Sie den Schrot am genauesten kontrollieren. Erinnern Sie sich an die Uhrzeigerposition und dass das Schussfeld sich bei 12 Uhr befindet. Setzen Sie die Füße in die Fünf nach Elf-Position. Und wenn Sie jetzt die Waffe zurück zum Annahmefeld führen, wird Ihnen unbehaglich, weil sich Ihr Körper automatisch zurück in die natürliche Position bewegen will, wie es die Fußstellung vorschreibt, aber das müssen Sie aushalten.

Ein paar weitere Tipps: Überprüfen Sie bei jedem Laden die Fußposition. Da Sie den Körper zurück zum Annahmepunkt drehen, wollen sich Ihre Füße ganz natürlich ebenfalls in diese Richtung bewegen. Drücken Sie die Flinte fest gegen die Wange. Da die Flinte sich zum Schusssektor direkt vor Ihnen bewegt hat und Ihre Linke sie nun nach rechts führt, um die Führungsdistanz zu bestimmen, besteht eine natürliche Tendenz, die Waffe vom Gesicht zu lösen.

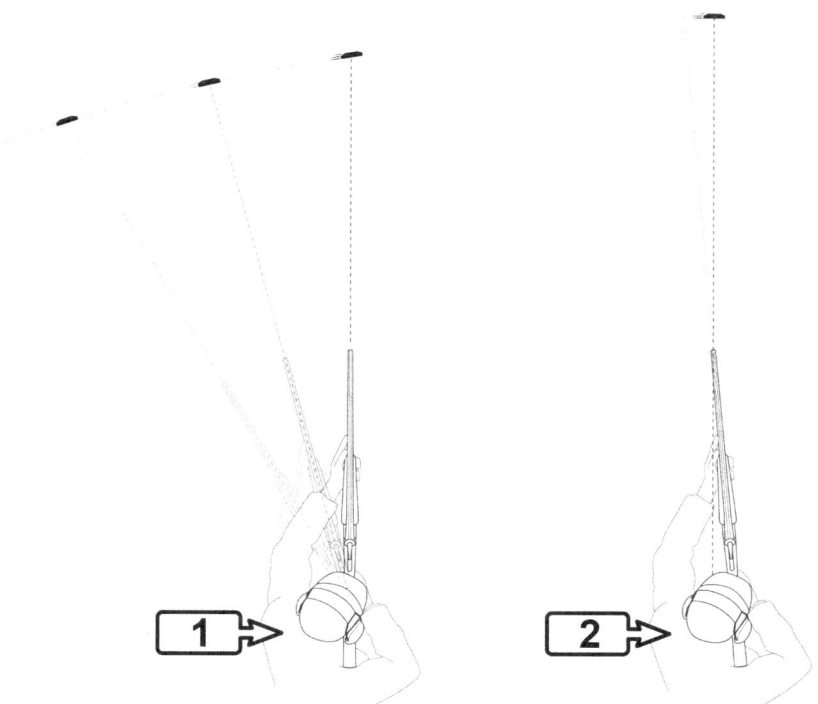

Bei linkem Führungsauge mit linkem Auge geschlossen und geöffnet. 2. Linkes Auge geschlossen. 1. Linkes Auge geöffnet.

Und letztens, geben Sie diesem Ziel etwas mehr Vorhaltemaß als bei der ersten Scheibe von rechts nach links. Versuchen Sie es weiter. Sie verfehlen immer noch hinter der Scheibe! Erstellen Sie eine Führungsdistanz, bei der Sie denken, Sie würden die Scheibe etwa 60 Zentimeter davor verfehlen. Probieren Sie es aus. Das ist besser, Sie treffen jetzt die meisten Scheiben. Das Wichtigste bei dieser links-rechts-Version ist, dass sich Ihre Füße in der richtigen Position befinden, verbunden mit einer Führungsdistanz, die ein wenig zu weit rechts wirkt und dass man die Flinte extra fest gegen die Wange drückt.

Ehe wir auf Dubletten schießen, noch ein paar Bemerkungen zu den links-rechts Einzelscheiben, die Sie nicht getroffen haben. Vermutlich haben Sie es nicht bemerkt, dass Sie ein paar davon weit dahinter verfehlt haben. Das geschah, weil Sie das linke Auge öffneten, und weil es Ihr Führungsauge ist, übernahm es die visuelle Kontrolle der Flinte und überzog die Mündung nach links. Das ist das Gegenteil davon, wenn man die Mündung beim rechts-links-Flug vor das Ziel führt.

Mit mehr Erfahrung wird sich dieses Problem aber von selbst ausgleichen. Momentan ist Ihr linkes Auge das Führungsauge, das sich öffnen will, wann immer Sie sich visuell konzentrieren, wie etwa bei der korrekten Festlegung der Führungsdistanz.

Die Auswirkungen hiervon zeigen sich in der Abbildung. Es wird gezeigt, wie das geöffnete linke Auge die Flinte von der geraden Flugbahn abzieht.

Dramatischer zeigt sich dies, wenn jemand mit geöffnetem oder geschlossenem linken Auge geradeaus an der Schiene einer ungeladenen Flinte entlang blickt.

Man kann in anderen Situationen üben, das linke Auge zu schließen, wenn man auf etwas deutet, und das Auge dann öffnet. (siehe Abb. nächste Seite)

Man schließt dabei das linke Auge und deutet auf etwas Bewegliches, etwa vorbeifahrenden Verkehr, Vögel im Flug, Bewegungen auf dem Bildschirm.

Jedes Mal, wenn Sie auf ein bewegliches Ziel deuten, schließen Sie Ihr linkes Auge. So trainieren Sie den Augenmuskel, sich zu schließen, wenn die linke Hand auf etwas deutet.

Beobachter denken vermutlich, Sie seien völlig verrückt geworden – aber Ihre Schießkünste werden sich so dramatisch verbessern.

Dubletten

Machen sie eine Pause, während ich Ihnen die beiden verbreitetsten Formen der sportlichen Dubletten vorstelle.

Simultan-Paare oder Dubletten sind Begriffe, die sich von selbst erklären. Beim Abruf werden zwei Wurfscheiben gleichzeitig geworfen. „Dublette auf Schuss" bedeutet, dass die zweite Wurfscheibe auf das Signal des ersten Schusses hin geworfen wird. Wurfscheiben werden entweder von einer oder zwei Maschinen aus geworfen.

Man kann es zuerst mit der Methode „Auf Schuss" oder „on report" versuchen. Das Ziel ist eine von rechts nach links quer fliegende Wurfscheibe, genau wie in der ersten Lektion. Hierbei ist es überaus wichtig, die Flinte sofort zu brechen, wenn der zweite Lauf beim zweiten Abzug nicht feuert. Bevor wir beginnen, eine Sicherheitserinnerung. Sie laden jetzt zwei Patronen. Denken Sie an meine Anweisung in der ersten Lektion, was zu tun ist, wenn der erste Schuss sich beim Abdrücken nicht löst.

Selbst auf die Gefahr hin, mich hier zu wiederholen, bitte denken Sie daran, den Abzug nach dem ersten Schuss loszulassen und dann für den zweiten Schuss erneut zu betätigen.

Lassen Sie sich beim ersten Schuss nicht hetzen. Nehmen Sie sich Zeit. Behandeln Sie alle Dubletten wie separate Einzelschüsse.

Das linke Auge geschlossen halten, während der Kolben gegen die Wange gedrückt wird. So kann das rechte Auge über das Korn direkt anvisieren.

Das linke Auge ist hier geöffnet und die Flinte wird dadurch nach links gezogen. Anmerkung: Die Schutzbrille wurde hier aus fotografischen Gründen fortgelassen.

Gut. Jetzt laden Sie zwei Patronen und machen sich bereit, die erste Wurfscheibe anzunehmen. Abruf. Sie treffen die zweite Scheibe, verpassen aber die erste meistens, weil Sie zu schnell schießen. Denken Sie daran, dass die zweite Scheibe erst auf den ersten Schuss hin geworfen wird, daher sind Sie es, der bestimmt, wie schnell die zweite Scheibe kommt. Treffen Sie beide Ziele, indem Sie sich genau nach der Grundmethode richten. Konzentrieren Sie sich zu hundert Prozent auf den simplen Prozess, die erste Scheibe zu treffen. Sie müssen voll und ganz darauf fokussieren, sie anzuvisieren, die Flinte zu führen, das Ziel zu überholen und abzudrücken, wenn Sie die richtige Führungsdistanz erreicht haben. Dann, und nur dann, wenden Sie sich zurück zum zweiten Ziel und wiederholen den gesamten, fokussierten Prozess. Versuchen Sie dies ein paar Mal. Das geht schon besser. Behandeln Sie die beiden Ziele unabhängig voneinander. Dann erscheint einem das Dublettenschießen plötzlich viel leichter.

Machen Sie eine Pause und beobachten ein paar simultane Dubletten. Hierbei kommen die Scheiben aus der gleichen Maschine und folgen der gleichen Flugbahn. Erkennen Sie, wie die eine Scheibe in kurzem Abstand auf die erste folgt.

Die erste Entscheidung bei simultanen Dubletten ist, auf welche der beiden man zuerst zielt. In diesem Fall wäre die logische Antwort: die erste. Die zweite Scheibe folgt auf der gleichen Flugbahn, simultan mit Ihrer eigenen natürlichen rechts-links Bewegung. Mit anderen Worten, die Flinte wird vor das erste Ziel geführt und dann mit Minimalbewegung auf das zweite gerichtet.

Man muss hierfür Augen und Gehirn trainieren, die hintere Scheibe zuerst anzuvisieren und erst an die zweite zu denken, wenn man die erste getroffen hat.

Schießen Sie nach der Grundmethode auf das erste Ziel. Führen Sie die Flinte zum zweiten Ziel. Legen Sie den Führungsabstand fest und feuern zum zweiten Mal ab.

Genau. So leicht ist das. Machen Sie weiter. Das ist toll! Zehn Scheiben, acht Treffer!

Sehen Sie mich nicht so überrascht an. Bei simultanen Dubletten schneiden die Schüler in der Regel gut ab. Das weist darauf hin, dass Ihr Gehirn die Prinzipien des Schießens besser begreift als Ihnen klar ist. Bei Dubletten gibt es einfach viel mehr zu tun und weniger Zeit zum Denken. Als Folge schießen Sie eher instinktiv und auch genauer.

Wir beenden die Lektion mit hereinkommenden Simultandubletten.

Als erstes beobachten wir ein solches Paar und die Flugbahn. Sie bewegen sich in nur geringem Abstand zueinander, und wie bei allen Simultandubletten gibt es ein Ziel, das man logischerweise zuerst anvisiert und trifft. Die Wurfscheibe rechts von Ihnen folgt leicht hinter der von links. Visieren Sie diese zuerst an, damit Sie die Flinte mit der natürlichen Bewegungsabfolge des Körpers von rechts nach links führen. Sie richten hier die Flinte auf Ziele, die frontal auf Sie zukommen, daher ist Ihre Flinte natürlicherweise nach oben gerichtet, und die zweite Scheibe folgt auf der gleichen Flugbahn wie die natürliche Flintenführung.

Mentale Vorbereitung

Beobachten Sie noch ein paar Wurfscheiben in dieser Formation und stellen sich innerlich den Annahmepunkt und den Schusssektor für beide vor.

Der Prozess, den Sie hierbei durchlaufen, ist der gleiche wie bei allen vorigen Zielen. Man nennt ihn „Zielanalyse".

Wann immer Sie auf Wurfscheiben schießen, ist die geistige Vorbereitung darauf gleich. Als erstes hat man zwei wichtige Entscheidungen zu treffen: Wählen Sie Annahmefeld und Schusssektor. Dann platzieren Sie die Füße in die richtige Position. Am wichtigsten ist: Ehe Sie abrufen, schließen Sie die Augen und visualisieren diese Schussbilder. Stellen Sie sich vor dem inneren Auge die Wurfscheibe im Verhältnis zum Korn vor, oder bei der Frontalversion, wie die Scheibe hinter dem Flintenlauf verschwindet.

Denken Sie auch daran, dass unser Gehirn am liebsten mit Vertrautem arbeitet, daher finden wir es umso angenehmer, je öfter wir vor dem inneren Auge die Treffersituation abspielen. Je vertrauter wir mit der Führung und dem Schussbild sind, umso sicherer drücken wir im richtigen Moment den Abzug.

Erfolgreiches Wurfscheibenschießen ist die Folge von guter psychologischer Vorbereitung vor dem Moment des Abrufs.

Essentiell bedeutet es auch, sich alle Vorteile zunutze zu machen. Kein Ziel sollte als leicht betrachtet werden, bis man es getroffen hat, aber man sollte stets daran arbeiten, es sich so leicht wie möglich zu machen.

Die Technik bei hereinkommenden Dubletten

Schauen wir nun, wie gut Sie sich auf die Frontal-Dubletten vorbereitet haben. Sie schneiden hier gut ab, aber würden Ihre Trefferquote bei der zweiten Wurfscheibe noch verbessern, wenn Sie die erste rascher erlegten. Im Moment drücken Sie den zweiten Schuss ab, wenn sich die Scheibe direkt über Ihnen befindet. Bei herankommenden Wurfscheiben besteht oft die Neigung hierzu, denn wir sind psychologisch motiviert, das Ziel so nah wie möglich an uns heranzulassen, ehe wir schießen. Die Wurfscheiben wirken dann gößer und leichter zu treffen.

Wenn wir dieser Versuchung nachgeben, erzeugen wir in Wirklichkeit so einen Nachteil für uns. Normale Intelligenz treibt einen, sich besonders anzustrengen, um das Ziel zu erreichen. Das heisst hier, dass wir zu viel Zeit aufwenden, um das erste Ziel anzuvisieren.

Ein weiterer Negativfaktor entsteht durch den hypnotischen Effekt von zwei Wurfscheiben dicht hintereinander. Das Gehirn hat sich gerade erst daran gewöhnt, sich auf ein einziges bewegliches Ziel zu konzentrieren. Jetzt wird man durch eine zweite Scheibe im Gesichtsfeld abgelenkt.

Nur Zeit und Übung erbringen dauerhaften Erfolg bei diesen Frontaldubletten, aber Sie schaffen es, wenn Sie versuchen, das erste Ziel schneller zu treffen.

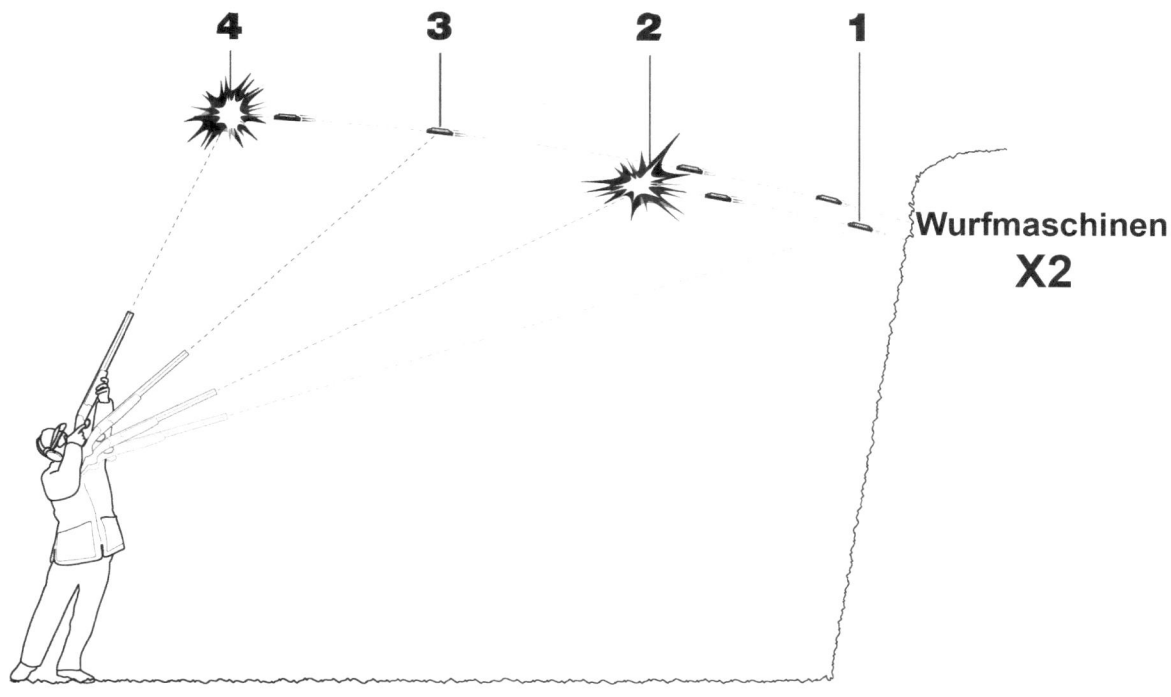

Ankommende Dubletten nach der Grundmethode

1 Annahme der zweiten Scheibe
2 Führungsdistanz (Ausblenden) der ersten Wurfscheibe
3 Mit natürlicher Bewegung das zweite Ziel anvisieren
4 Führungsdistanz (Ausblenden) der zweiten Scheibe

Wenn man die erste Scheibe in einem Winkel von 60° bis 70° anvisiert und die zweite in einem von 70° bis 80°, vergrößert dies die Erfolgschance. Je weiter vorn – d.h., je flacher der Winkel, aus dem man schiesst -, umso weniger Aufwand ist nötig, um mit den Läufen die Scheibe auszublenden. Bemühen Sie sich, die Scheiben früher zu treffen, weil sich der Erfolg in dieser Disziplin dann eher einstellt.

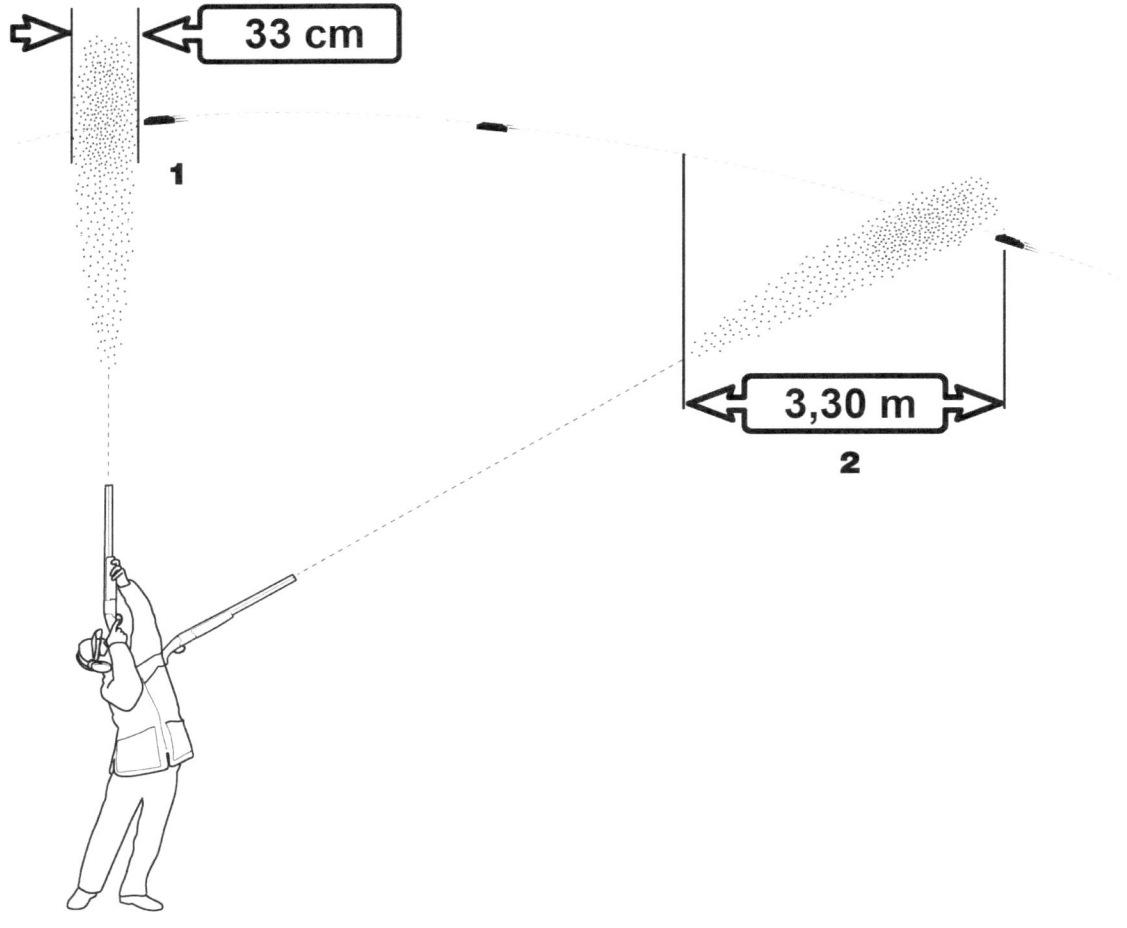

1 Maximale Überflughöhe bedeutet maximalen körperlichen Einsatz, um das Ziel in unbequemster Körperhaltung auszublenden

2 Geringere Überflughöhe = geringere Körperbewegung, um das Ziel auszublenden

Der Vorteil beim frühzeitigen Schießen einer einkommenden Scheibe ist die Länge der Schrotgarbe, was die Treffchance verbessert. Bei späterem Schuss bietet die Schrotauffächerung keinen Vorteil

Und warum ist das so? Man hat ganz gewiss mehr Zeit für die zweite Scheibe. Aber man behält vermutlich auch das Gewicht nach vorn auf den rechten Fuß verlagert, was dem Oberkörper erlaubt, sich bequem nach hinten zu lehnen, wenn man die Flinte beschleunigt nach oben führt.

Denken wir im Gegensatz dazu an die Nachteile, wenn man eine Wurfscheibe direkt über dem Kopf anvisiert. Der Winkel beträgt nun 90°, und das Ziel bewegt sich im Verhältnis zum Schützen am schnellsten (maximale Flughöhe). Der Körper, besonders der Rücken, ist maximal gestreckt und so am wenigsten fähig, die Flintenführung zu beschleunigen.

Okay. Versuchen wir es noch einmal und zwar entschlossen, beide Ziele weiter vorn zu treffen. Blenden Sie beide Wurfscheiben aus und drücken jedes Mal ab, wenn ich „Push!" rufe. Sehr gut! Beide sind getroffen. Das wiederholen wir nun ein paar Mal. Sagen Sie bei sich mit aggressivem Druck das Wort „Push!", was Ihnen hilft, die Wurfscheiben früher auszublenden. Das war sehr gut. Sie haben hintereinander fünf Wurfscheiben getroffen. Es ist ziemlich anstrengend, sich ununterbrochen so zu konzentrieren, aber Sie werden durch Ihren Erfolg belohnt.

In der nächsten Lektion werden wir das bisher Erlernte konsolidieren und lernen, wie man die Flinte in Anschlag bringt.

Wie viele Unterrichtsstunden brauche ich?

Die häufigste Frage unter Anfängern lautet: „Wie viele Schießstunden brauche ich?" Doch darauf kann ich immer noch keine eindeutige Antwort geben. Erstens besteht ein riesiger Unterschied in der individuellen Lernfähigkeit, wozu jeweils eine individuelle Lehrmethode angebracht ist. Manche Schüler brauchen viele Lektionen in kurzer Zeit, andere lernen besser, indem sie auf möglichst viele Ziele schießen, wiederum andere wollen langsamer und über einen längeren Zeitraum hinweg vorgehen. Manche Schüler brauchen Einzelstunden und individuelle Aufmerksamkeit, ihre Gegenparts brillieren rasch in einer kleinen Gruppe, weil sie die Unterstützung anderer brauchen, manchmal auch deren Druck und Rivalität.

Wenn man versucht, daraus einen Durchschnitt für die Stundenzahl abzuleiten, so ergeben sich etwa sechs Lektionen. Diese Anzahl empfehle ich allen, die anschließend weiterhin auf einem Schießstand schießen wollen oder privat Übungsmöglichkeiten haben.

In der fünften und sechsten Lektion befassen wir uns gewöhnlich mit den verschiedenen Kombinationen beim sportlichen Wurfscheibenschießen. Die meisten Schüler, die bei mir ganz von vorn anfangen, kommen oft später zu vertiefenden Einzelstunden zurück. Vielleicht möchten sie etwas auffrischen, oder sie haben Probleme mit einer bestimmten Wurfscheibendisziplin.

Welche Flinte ist die Richtige?

Die natürliche Wahl für einen Anfänger ist die Bockflinte, die ich im Kaliber 28, 20 und 12 benutze, darunter auch im Kaliber 20 und 12 mit reduziertem Rückstoß, indem ich etwas Blei (ca. 85 – 170 g), je nach tatsächlichem Gewicht der Flinte, in den Hinterschaft packe. Die Wirkung beim Schuss wird außerdem mit einer sehr wirksamen Schaftkappe oder Schaftpolster reduziert. Dieses Polster reduziert auch erheblich das Risiko, dass der Schaft von der Schulter abrutscht. Manche Flinten haben auch Wangenpolster auf dem Schaftrücken, um die Rückstoßwirkung auf die Wange zu reduzieren.

Es gibt außerdem verschiedene Typen von mechanischen Rückstoßreduzierungen für den Hinterschaft, die ich persönlich aber nicht benutze.

Bei jungen Menschen und Frauen ist die 28er Flinte am beliebtesten. Diese Flinte ist im Gewicht reduziert, ohne dass der leichte Rückstoß dadurch beeinträchtigt würde. In einer 28er Patrone befinden sich auch viel weniger Schrotkugeln als etwa in einer 12er Patrone, und man braucht auch weniger Treibladung, um sie abzufeuern. Je leichter die Treibladung, umso geringer der Rückstoß.

Ungeachtet des Kalibers haben alle Übungsflinten nur wenig oder gar keine Chokebohrung, damit der Schrot so breit wie möglich streut.

Wenn ein Schüler körperlich in der Lage ist, eine 12er Flinte zu halten und zu bedienen, besteht natürlich eine größere Chance, die Scheiben zu treffen als bei einem kleineren Kaliber. Die Auffächerung einer 12er ist breiter, weil die Kugeln aus einem Lauf mit größerem Durchmesser abgeschossen werden. Doch die Wahl der Flinte sollte stets davon bestimmt werden, wie bequem sie zu halten und zu bedienen ist. Viele Schüler, die mit einem kleineren Kaliber anfangen, gehen oft auf ein größeres über.

Um das zu veranschaulichen: Von den letzten zehn Schülern, die mit einer 28er anfingen, benutzen fünf inzwischen eine 12er, vier eine 20er und nur einer ist bei der 28er geblieben.

Wenn Schüler genügend Patronen verschossen haben, um festzustellen, dass mit dem Schießen einer Flinte keinerlei Schmerzen verbunden sind, entspannen sie sich in der Regel und haben keine Angst mehr vor dem Rückstoß.

Diese 12er Flinte ist zu lang und zu schwer für eine Person dieser Größe

Doch oft kommen Schützen, die schon eine Weile den Sport ausgeübt haben, zu einer Schießstunde zurück, weil sie Prellungen an Schulter und am Gesicht erlitten haben. Ich rate ihnen, für kurze Zeit ein kleineres Kaliber zu benutzen. Wenn sie sich unbewusst keine Sorgen um den Rückstoß mehr machen, kann ich ihnen leichter die Ursache für ihre Unannehmlichkeiten demonstrieren und ihnen eine Lösung vorschlagen. Meistens wurden die blauen Flecken durch eine unpassende Flinte oder inkorrekten Anschlag verursacht.

Der korrekte Anschlag wird im nächsten Kapitel behandelt.

Dritte Lektion
Der Anschlag

In dieser Lektion geht es um den korrekten Anschlag. Außerdem üben wir weiter, die Ziele anzuvisieren, die Sie bereits kennengelernt haben.

Grundlagen des richtigen Anschlags

Als Anschlag bezeichnen wir die koordinierten Bewegungen, mit denen man eine Flinte an Schulter und Wange anlegt, während man gleichzeitig die Wurfscheibe anvisiert, annimmt und führt.

Ziele des korrekten Anschlags sind: Die Flinte jedes Mal, wenn man schießen will, in genau der gleichen und korrekten Position an Wange und Schulter anzulegen. Wir müssen außerdem sicherstellen, dass das rechte Auge in gerader Linie zur Zielposition blickt und dass man keinen unangenehmen Rückstoß erlebt. Die Körperbewegungen sollten außerdem so natürlich und geschmeidig wie möglich fließen.

Sie werden vielleicht ganz logisch fragen, warum legen wir die Flinte nicht von Anfang an korrekt an? Die Gründe hierfür sind:

Wenn man die Flinte in der Schulterbeuge und an der Wange anlegt, verspannt man die Muskeln in Armen, Hals und Schultern.

Sobald die Flinte im Anschlag ist, verliert man die volle periphere und natürliche Sehfähigkeit.

Diese beiden Faktoren in Verbindung miteinander verhindern, dass man so effizient wie möglich und natürlich mit Auge, Gehirn und Körper reagiert.

Aus gutem Grund haben wir in den ersten beiden Lektionen auf Ziele geschossen, wenn die Flinte bereits in korrektem Anschlag war. Der wichtigste Grund hierfür war, sich mit den Prinzipien der Grundmethode so rasch und gründlich wie möglich vertraut zu machen, mit dem Ergebnis, dass Sie sehr früh im Lernprozess Wurfscheiben getroffen haben - was sich positiv auf Ihr Selbstvertrauen auswirkte.

Sie hatten Hilfe, die Flinte in die richtige Schulter-Wange-Position zu bringen. Daher haben Sie keine unangenehme Rückstoßwirkung erlebt und wissen nun auch instinktiv, wie sich ein korrekter Anschlag anfühlt.

Der jagdliche Anschlag

Folgendes ist der wichtigste Punkt: Rechtshänder beginnen den Bewegungsablauf stets mit der linken Hand. Die einfachen und natürlichen Bewegungen beginnen mit der Position der schussbereiten Flinte, wie ich sie Ihnen nun demonstriere:

Meine Hände halten die Flinte am Pistolengriff und am Vorderschaft in genau der gleichen Position wie im Anschlag. Der Schaft ist dabei allerdings gesenkt, so dass die Flinte waagerecht vor meiner Hüfte liegt, wobei der Kolben gerade eben unterhalb meines Ellbogens zu sehen ist. Die Flintenmündung deutet in Richtung auf das Annahmefeld. Jetzt konzentriert sich mein Blick auf diese Richtung, mit Hilfe des Korn als Bezugspunkt. Wenn die Läufe korrekt platziert sind, sehe ich das Ziel unmittelbar über dem Korn. Ich habe ganz einfach und natürlich das Annahmefeld bestimmt.

Beim Anblick der Scheibe führt meine linke Hand den Flintenlauf in dieser Richtung in die Luft. Diese natürliche, zielstrebige Bewegung von linker Hand und Arm bewirkt zweierlei: Die Läufe halten Kontakt mit der Wurfscheibe, und während die Flinte geführt wird, bewegt sich der Schaft nach oben in Richtung Wange und Schulter.

1. Schussbereite Position: Die linke Hand deutet auf die auftauchende Scheibe

2. Die linke Hand führt das Ziel, die Rechte bringt den Kolben an die Wange

3. Der Schaftrücken wird fest an die Wange gedrückt.

4. Die linke Hand führt die Läufe beschleunigend vor das Ziel, während die Rechte den Kolben an Wange und Schulter drückt und abzieht. Das Körpergewicht liegt eindeutig auf dem Vorderfuß.

In dieser ersten Phase des Anschlags hat die rechte Hand nichts weiter zu tun, als die Schäftung zu tragen und der Bewegung der Linken zu folgen. Die rechte Hand und der rechte Arm werden dabei nicht körperlich gefordert, bis die Linke die Flinte in die natürliche Zielposition gebracht hat. Die Schäftung wird dabei zwei Drittel des Wegs bis zum vollendeten Anschlag zurückgelegt haben. Jetzt braucht die rechte Hand nur noch den Kolben an Wange und Schulter zu pressen. Achten Sie darauf, dass mein Kopf hierbei erhoben ist und mein rechtes Auge stets in einer geraden Linie zum Korn blickt. Der Schaftrücken bewegt sich zur Wange - die Wange senkt sich niemals zum Kolben ab.

Die schussbereite Position und die ersten Bewegungen der linken Hand ermöglichen die ersten Stadien der Grundmethode (anvisieren und annehmen). Während das Gewehr sicher im Anschlag liegt, wird die Führung der Wurfscheibe beibehalten bis man sie überholt und abzieht!

Das waren ziemlich viele Worte, um eine eigentlich ganz einfache und natürliche Bewegung zu beschreiben.

Nehmen Sie die schussbereite Position mit einer ungeladenen Flinte ein. Entspannen Sie beide Arme, während ich die Flinte von dieser Position aus in den Anschlag bewege. Spüren Sie, wie natürlich der Schaftkappe sich an die Schulter legt?

Jetzt sollten Sie ein paar Einzelscheiben schießen, angefangen von der Position mit gesenkter Flinte.

Bestimmen Sie den Schusssektor, die Fußstellung und den Annahmepunkt.

Übung zur Förderung der linken Hand beim Anschlag

Gehen Sie in schussbereite Position, wobei die Läufe auf den Annahmepunkt gerichtet sind. Jetzt rufen Sie eine Scheibe ab und bringen die Flinte in Anschlag. Blicken Sie mit beiden Augen auf die Wurfscheibe, dann kneifen Sie das linke Auge zu, während Sie sie anpeilen und führen. Sie fangen immer mit beiden Augen offen an, um das Ziel natürlich und voll zu sehen.

Achtung! Sie haben die Flinte sehr hastig an die Schulter gerissen, sobald Sie die Scheibe sahen. Wenn Sie sich entspannen und die linke Hand zuerst bewegen, werden Sie feststellen, dass Sie eigentlich viel mehr Zeit dazu haben. Ehe Sie auf diese Wurfscheibe zielen, legen wir noch eine Übung ein, in der Sie lernen, die Linke stärker zu benutzen.

Die Förderung der linken Hand

Nehmen Sie wieder die schussbereite Position ein. Jetzt lösen Sie die rechte Hand vom Schaft. Ich weiß, das fühlt sich nicht sehr angenehm an, aber ich bin sicher, Sie können die Flinte so halten. Rufen Sie ein paar Scheiben ab und tun nichts weiter, als die Flinte auf sie zu richten. Gut. Genauso sollten Sie die Flinte in Anschlag bringen. Üben Sie den Anschlag noch ein paar Mal mit ungeladener Flinte. Ganz leicht, nicht wahr? Jetzt zielen Sie auf ein paar Scheiben. Halt! Sie haben die ersten drei verfehlt, obwohl Sie die Flinte korrekt in Anschlag gebracht haben.

Sie haben die Scheibe im Vorfeld verfehlt. Keine Sorge, Sie haben eigentlich einen weiteren Vorteil entdeckt, wenn Sie aus den jagdlichen Anschlag heraus mit der linken Hand beginnen.

Ich will Ihnen erklären, was hier passiert, indem ich Ihnen Dinge ins Gedächtnis rufe, die ich bereits gesagt habe. Wenn Sie das bewegliche Ziel zuerst erblicken, haben Sie ohne die Flinte an der Schulter normale Sicht, daher werden Ihre Reaktionen natürlicher ausfallen. Sie zielen ganz instinktiv auf ein bewegliches Ziel. Die erste instinktive Bewegung hat zur Folge, dass die Flintenläufe sich mit dem notwendigen Schwung bewegen, um die Wurfscheibe anzuvisieren. Diese Bewegung reduziert die Notwendigkeit, die Flinte aggressiv nach vorn zu führen, erheblich.

Um eine herankommende Wurfscheibe in dieser Höhe und in dieser Geschwindigkeit zu treffen, brauchen Sie nur abzudrücken, sobald Sie sie aus den Augen verlieren! Beschleunigen Sie die Bewegung ein wenig mit der Linken, decken Sie sie ab und drücken ab.

Versuchen Sie es noch ein paar Mal. Sehr gut. Entspannen Sie sich, während wir uns weiter mit einer herankommenden Wurfscheibe befassen.

Aufstellen, schussbereit machen, Mündung auf den Annahmepunkt richten. Wurfscheibe abrufen. Das war in Ordnung, aber alle paar Scheiben wird Ihre rechte Hand dominant. Wenn Sie den Schaft gleich mit der Rechten an die Schulter legen, wird Ihre Linke zum Drehpunkt, was zur Folge hat, dass der Lauf abgesenkt wird. Wenn das eintritt, sitzt das Ziel nicht mehr oberhalb des Korns und man muss bewusst wieder auf die Scheibe zielen. Das hat allgemein zur Folge, dass man das ideale Schussfenster verpasst und nach dem besten Schusspunkt abdrückt, wenn die natürliche Köperbewegung sich verlangsamt hat, und man verfehlt das Ziel.

Merken Sie sich, die linke Hand erzielt die Treffer, denn diese Hand führt die Läufe zum Ziel. Die rechte Hand hat nur die Funktion den Schaft korrekt an die Schulter zu bringen und den Abzug im richtigen Moment zu betätigen.

Lassen Sie uns einmal mehr über den gesamten Ablauf sprechen.

- Schussfenster
- Fußstellung
- Waffe mit den Läufen am Annahmepunkt
- Beide Augen fest auf den Annahmepunkt fokussiert
- Abruf
- Erfassen Sie die Scheibe
- Schließen Sie Ihr linkes Auge

- Die linke Hand führt die Läufe in Richtung der Wurfscheibe und saugt sich an dieser fest
- Der Hinterschaft kommt an Schulter und Wange
- Überholen Sie die Scheibe bis zum Schussfenster, bis Sie Ihr gewohntes „Trefferbild" vor Augen haben und drücken Sie ab
- Waffe absetzen und öffnen

Treffen Sie jetzt einige Wurfscheiben! Großartig!

Der Anschlag bei Dubletten

Jetzt probieren Sie Dubletten auf Schuss. Vergessen Sie nicht, dass es sich um zwei verschiedene Ziele handelt.

Sobald Sie bereit sind, rufen Sie die Scheiben ab. Bei diesen Zielen haben Sie keinerlei Probleme. Allerdings senken Sie die Flinte nicht nach dem ersten Treffer.

Sie haben jetzt gelernt, die Flinte korrekt in Anschlag zu bringen und festgestellt, dass es tatsächlich leichter ist, als die Wurfscheibe mit bereits angelegter Flinte abzurufen. Sie haben das Ziel besser im Blick, Sie sind entspannter und natürlicher, Sie haben mehr Zeit, und es ist nicht so anstrengend. Daher ist die zweite Scheibe schwieriger als nötig. Denken Sie daran, dass Sie sich jeden Schuss so leicht wie möglich machen sollten.

Versuchen Sie noch ein paar Dubletten, aber senken Sie die Flinte jedes Mal, wenn Sie die erste getroffen haben. Entspannen Sie die Rechte einfach und lassen die Linke die Flinte wieder zum Annahmepunkt führen. Das ist besser und viel leichter, nicht wahr?

Sie werden die Vorteile des Absenkens zwischen zwei Schüssen bei den nächsten Zielarten schätzen lernen, wenn wir Dubletten auf Schuss schießen, die aber von zwei verschiedenen Wurfmaschinen ausgeworfen werden. Beim ersten Abruf bedeutet das eine herankommende Scheibe, wie Sie sie schon getroffen haben. Beim Abfeuern taucht das zweite Ziel links auf und fliegt in etwa 25 Metern Entfernung quer vor Ihnen nach rechts. Ich zeige Ihnen beide Ziele mehrmals hintereinander.

Okay. Versuchen wir es.

Das erste Ziel ist kein Problem, oder? Aber Sie haben Schwierigkeiten mit dem zweiten. Erinnern Sie sich an die geistige Vorbereitung, wie man das Ziel richtig analysiert? Beobachten Sie ein paar weitere Dubletten auf Schuss.

Erstens, wir haben eine Wurfscheibe links-rechts – das bedeutet mehr Aufwand als beim ersten Ziel. Der erste Punkt ist also die Fußstellung. In einer solchen Situation bedeutet das stets einen Kompromiss. Als Daumenregel gilt, dass es von Vorteil ist, wenn man die Füße auf den Zielpunkt des schwierigeren Ziels richtet.

Zweitens, geben Sie sich ein wenig mehr Zeit, die Querscheibe anzunehmen, und zwar später auf der Flugbahn, d.h. weiter rechts als man es bisher geübt hat. Damit macht man es der linken Hand so leicht wie möglich, das Korn vom Schusspunkt der ersten Scheibe zum Schusspunkt der zweiten zu bewegen.

Drittens, das zweite Ziel benötigt ein größeres Vorhaltemaß als das erste.

Außerdem wird man feststellen, dass man das linke Auge automatisch öffnet, wenn man die Flinte absenkt, um das zweite Ziel anzunehmen. Das macht es leichter, aber vergessen Sie nicht, das linke Auge wieder zu schließen, wenn Sie sich das Schussbild der Grundmethode vorstellen. Sie werden sich voll konzentrieren, daher will das „Führungsauge" offen bleiben.

Gehen Sie diese Sequenz und die Schussbilder für beide Ziele noch ein paar Mal im Kopf durch, ehe Sie sich schussbereit machen. Ein letzter Tip: Betrachten Sie die Dubletten als zwei einzelne Scheiben. Denken Sie erst an die zweite Wurfscheibe, wenn Sie die erste getroffen haben.

Ein kurzer Blick auf die Wurfmaschinen

Sie haben gesehen, wie die Wurfscheiben in verschiedenen Winkeln fliegen. Vielleicht möchten Sie sich die Maschinen näher ansehen, die diese auswerfen.

Von Sicherheitsstandpunkt aus gesehen achten Sie zuerst darauf, ob die Wurfarme in einem rechten Winkel von der Maschine abstehen. Das bedeutet, die Abwerfer sind ungeladen.

In der nächsten Lektion stelle ich Ihnen ein paar verschiedene Wurfscheiben vor.

Eine automatische Wurfmaschine. Der Wurfarm ragt auf der linken Seite vor, was bedeutet, die Maschine ist entspannt und sicher.

Eine abgeworfene Wurfscheibe. Nähern Sie sich einer Wurfmaschine aus Sicherheitsgründen immer von hinten

Mini, Midi und Standardscheibe

Verschiedene farbige Wurfscheiben.

Vierte Lektion
Typische Parcours-Wurfscheiben

Bislang haben wir nur die Quer- und die herankommenden Scheiben betrachtet. In diesem Teil stelle ich Ihnen weitere verbreitete Zielversionen vor. Der Unterschied besteht in der Ausgangsposition und der Flugbahn. Man kann natürlich nicht schon nach ein paar Schießstunden in allen diesen Disziplinen zum Experten werden, aber Sie können durchaus Erfahrung mit diesen Zielen sammeln. Ich werde Ihnen auf jeden Fall demonstrieren, wie man sie eine nach der anderen am leichtesten treffen kann.

Die Überkopfscheibe

Wir beginnen mit Wurfscheiben von einer hinter Ihnen stehenden Wurfmaschine mit einer Flugbahn über Sie hinweg in Ihre Blickrichtung. Wie zuvor beobachten wir zunächst ein paar Wurftauben mit dieser Flugbahn. Jetzt vergleichen wir sie mit anderen Zielen, wie Sie sie bereits getroffen haben, und bestimmen die beste Methode.

Beim Abruf hören Sie das Abwurfgeräusch und scheinen dann eine Weile warten zu müssen, bis die Wurfscheibe vor Ihnen auftaucht. Die ersten Schwierigkeiten sind psychologischer Natur. Erstens besteht eine Verzögerung zwischen dem Abruf und dem Auftauchen der Wurfscheibe in Ihrem Sichtfeld, denn bei allen vorherigen Zielen tauchten die Ziele unmittelbar auf. Ihr erster, instinktiver Eindruck ist die Geschwindigkeit der Wurftaube und wie wenig Zeit Sie bis zum Schuss haben. Die Ziele waren bisher immer auf Sie zugeflogen, wenngleich in unterschiedlichem Winkel, und beim Näherkommen wirkten sie alle größer. Jetzt scheint die Scheibe rasch kleiner zu werden, weil sie schnell von ihnen fortfliegt. Zeit für rasche Entscheidungen. Schusspunkt, Annahmepunkt, Fußstellung und schussbereite Position.

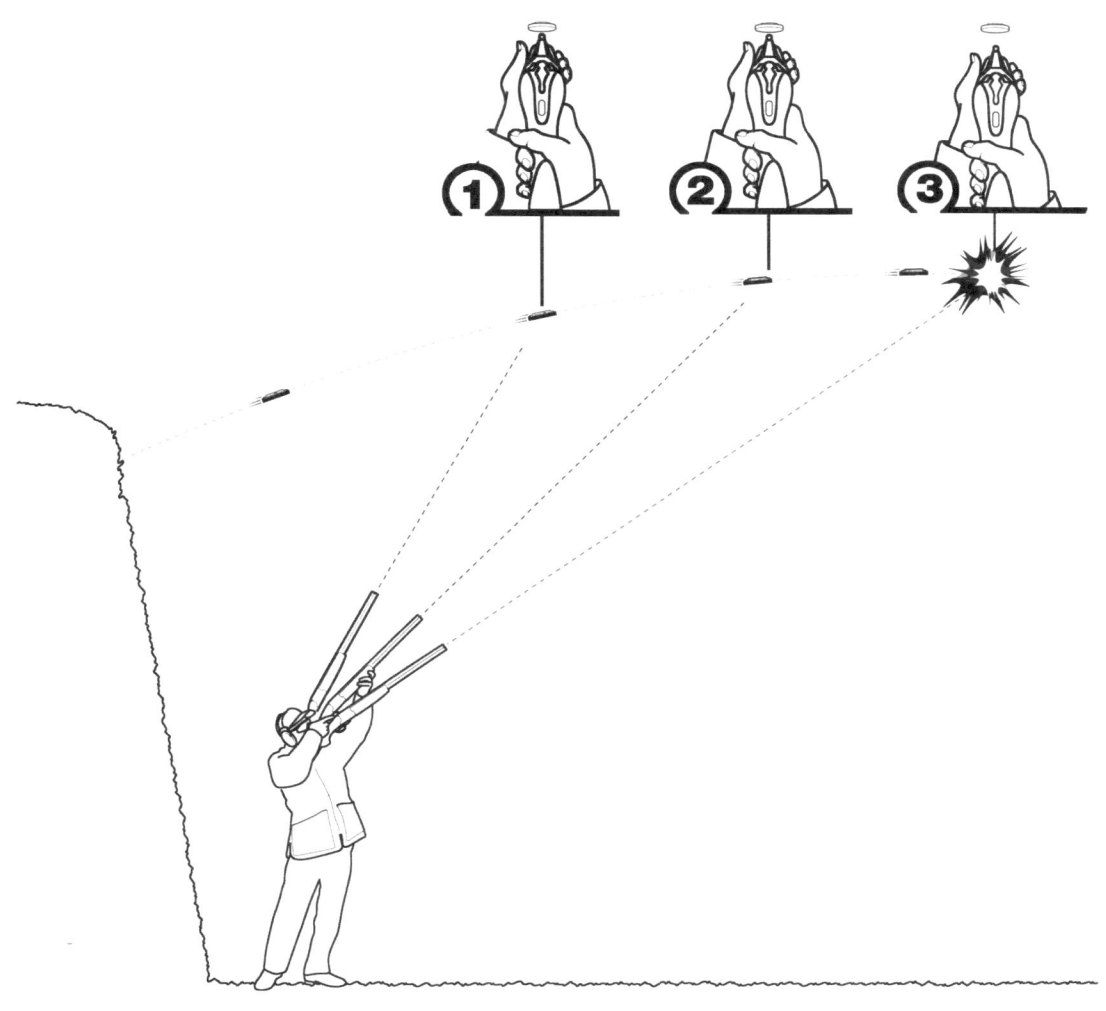

1. Zielerfassung (hohe Zielerwartungshaltung)
2. Mitschwingen
3. Vor das Ziel führen und abdrücken
Die „Grundmethode" beim Schießen von Überkopf-Wurfscheiben

Diese Wurfscheibe sollten Sie so rasch und leicht wie möglich treffen. Sie sehen, dass das Ziel sich in gerader Linie von Ihnen fortbewegt, was die Neigung bestärkt, man müsse die Flinte direkt darauf zu halten. Ihr Annahmepunkt und die schussbereite Körperposition sind die wichtigsten Faktoren für einen erfolgreichen Schuss.

Nur wenn man das Ziel früh annimmt, hat man genug Zeit, die Grundmethode für den Schuss anzuwenden und ein Schussbild zu erstellen, während die relative Bewegung des Ziels noch eindeutig ist.

Die schussbereite Position, die Sie bei Quer- und Geradeausscheiben eingenommen haben, gibt Ihnen aber bei diesem Ziel nicht genügend Zeit. Die Scheibe befindet sich in einem Abstand von etwa 40 Metern, und der Bogen der Flugbahn senkt sich bereits erheblich, wenn Sie das Gewehr so in Anschlag gebracht haben.

Jetzt demonstriere ich, wie man die Flinte hier in Anschlag bringt und das Ziel annimmt. Meine Füße sind in Richtung Ziel geradeaus gerichtet. Das Körpergewicht ist eindeutig auf den Vorderfuß verlagert. Der Flintenschaft wird fast vertikal angehoben und dann zurückgenommen, bis der Kolben kurz vor der Achselhöhle sitzt. Jetzt legt man den Kopf zurück, bis sich eine gerade Linie vom rechten Auge über das Korn zum Zielpunkt bildet. So kann man die Flinte sehr viel schneller auf das Ziel richten.

Man erreicht so ganz natürlich den Schusspunkt. Der Schaft bewegt sich automatisch mit der korrekten Körperbewegung. Wenn die Mündung sich auf das Ziel einstellt, wird der Kolben ganz natürlich an die Wange und in die Schulterbeuge gedrückt und mit der Rechten dort gehalten. In diesem Anschlag kann man den Lauf vor die Scheibe bewegen und das Schussbild erstellen, was aber aus Ihrer Sicht so wirkt, als würden Sie auf einen Punkt unterhalb der Wurfscheibe zielen. Bei der Vorwärtsbewegung denkt man, man würde die Mündung auf einen Punkt unterhalb des Ziels richten.

Die Abläufe nach der Grundmethode sind identisch: Zielen, führen, überholen und schießen. Bei dieser Art Ziel ist ein kräftiger Ruck mit der Linken sehr wichtig.

Sobald die Flinte an der Wange und in der Schulterbeuge sitzt und man einen Lichtstreifen zwischen Korn und Scheibe sieht, drücken Sie ab!

Weitere Tipps zur schussbereiten Position. Machen Sie sich bereit, heben Sie die Flinte an und lehnen den Kopf zurück, damit Sie das Ziel mit dem Korn annehmen können. Verlagern Sie das Gewicht auf den linken Fuß und beugen sich aus der Hüfte heraus nach hinten. Ich weiß, das fühlt sich anfangs etwas unbequem an, aber Sie halten diese Position für den tatsächlichen Schuss nur einen Sekundenbruchteil lang. Beim Abruf haben Sie den Vorteil, dass Ihr Köper sich zurück in eine bequemere Position bewegen will.

Schussbereite Position für eine Überkopf-Scheibe

Zeit, ein paar Ziele anzugehen. Bereiten Sie sich geistig vor, mit der Linken auf die Wurfscheiben zu deuten. Abruf. Gut. Erste Scheibe - erster Treffer. Jetzt erlegen Sie noch ein paar.

Achtung! Sie haben leicht hinter die Scheibe geschossen und verfehlt. Es bedeutet, dass Sie oberhalb der Wurfscheibe gezielt haben.

Wir wollen hier keine Energie auf Verbote verschwenden, sondern uns als nächstes ein paar wichtige positive Regeln merken:

- Bewegen Sie Kopf und Flinte so weit wie möglich nach hinten
- Achten Sie darauf, dass die erste Bewegung der Flinte das Führen und Überholen mit der Linken ist.

- Achten Sie darauf, dass der Schaftrücken an der Wange bleibt, damit Sie nicht den Kopf heben, um das Ziel besser zu sehen.
- Halten Sie das Körpergewicht auf den linken Fuß verlagert
- Schießen Sie, sobald die Mündung vor das Ziel geführt ist (sobald Sie einen Lichtstreifen zwischen Korn und dem unteren Rand der Wurfscheibe sehen können).

Probieren Sie es noch ein paar Mal. Das war sehr gut. Diese Schießposition ist sehr anstrengend, aber Sie wissen nun, wie Sie diese Flugversion am vorteilhaftesten angehen.

Der Rollhase

Nun etwas ganz anderes, ein Rollhase. Das ist eine besondere Wurfscheibe mit einem breiten gerippten Rand, was heisst, sie kann über den Boden gerollt werden. Die Scheibe taucht links von Ihnen in etwa 25 Metern Entfernung auf, rollt oder springt in einem rechten Winkel vor Ihnen her und verschwindet hinter dem rechten Bunkerrand.

Halten Sie Ausschau nach der Wurfscheibe von links. Sie bewegt sich sehr schnell, nicht wahr. Vielleicht bezeichnet man die Bewegung eher als hoppeln statt rollen. Identifizieren wir die Schwierigkeiten und bestimmen wir, wie wir am besten damit umgehen. Zunächst die Geschwindigkeit. Diese Wurftaube wirkt schneller als fliegende Scheiben, weil man sie vor einem nahen konkreten Hintergrund sieht, mittels dem man die Geschwindigkeit besser ermessen kann. Zweitens, dieser Eindruck von Tempo wird dadurch verstärkt, dass die Scheibe nur kurze Zeit zu sehen ist. Der Abstand vom ersten Auftauchen bis zum Punkt, wo sie am Bunkerrand verschwindet, beträgt nur etwa 20 Meter.

Man kann die Grundmethode beim Rollhasenschießen anwenden, muss aber innerlich die Sequenz verkürzen.

Rollhasen-Anschlag

Wichtig hierbei ist der genaue Annahmepunkt. Für Korrekturen bleibt hier keine Zeit. Man verkürzt die Sequenz der Grundmethode, indem man die Flinte sofort nach der Annahme nach vorn beschleunigt und die Flinte bis zu etwa einer Lauflänge vor das Ziel führt.

Man versucht, den Rollhasen etwa 60 Zentimeter vom Bunkerrand entfernt zu treffen.

Sobald Sie entscheiden, dass die Mündung sich weit genug vor dem Zielpunkt befindet, drücken Sie ab. Je rascher Sie schießen, umso besser. Je instinktiver Sie reagieren können, umso genauer werden Sie treffen. Probieren Sie es ein paar Mal. Denken Sie daran, dass der Rollhase sich von links nach rechts bewegt, daher sollte die Fußstellung deutlich in diese Richtung weisen. Sie werden nach unten schießen, daher beugen Sie sich vor und verlagern das Köpergewicht auf den linken Fuß. Nehmen Sie eine schussbereite Position mit der Flinte im Anschlag ein. Halten Sie die Flinte nur weit genug von der Schulter entfernt, um die natürliche Sicht nicht zu blockieren. Sobald der Rollhase auftaucht, richten Sie die Läufe mit der Linken aus. Drücken Sie den Kolben fest an Wange und Schulter und führen Sie die Flinte vor. Denken Sie daran, besonders engen Kontakt mit Wange und Schulter zu halten, weil es ein links-rechts Ziel ist.

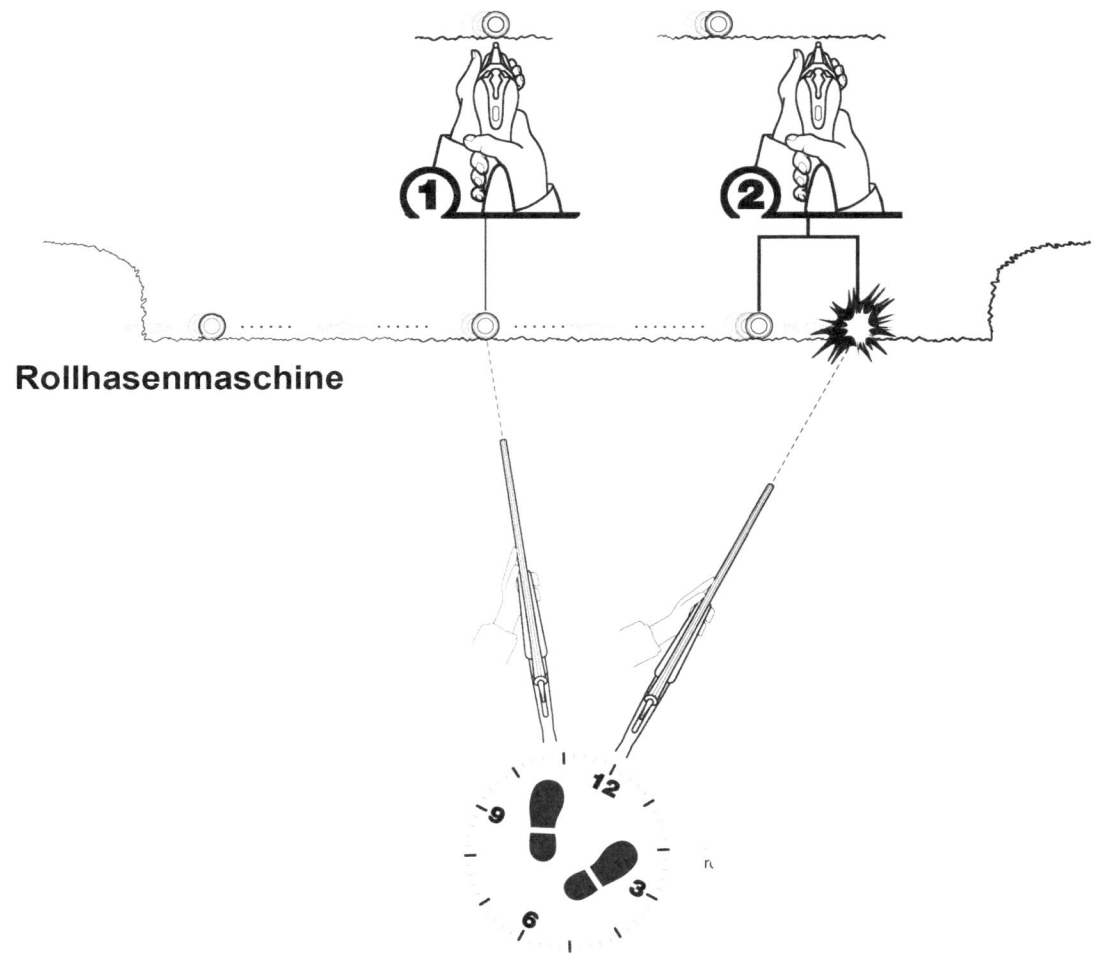

Anwendung der Grundmethode beim Rollhasen
1 Annahmefeld deutlich vom Abwurf entfernt. Zielpunkt unterhalb des Rollhasens
2 Großes Vorhaltemaß (ca. eine Lauflänge) und Schuss
Fußstellung stärker auswärts nach rechts gerichtet

Schauen wir mal, wie Sie das anstellen. Bisher hatten Sie kein Glück, Sie verfehlten das Ziel weit dahinter. Lassen Sie sich nicht vom Tempo dieser Wurfscheibe einschüchtern. Es ist bloß eine weitere Tontaubenversion, die Sie treffen können, solange Sie sie nur weit genug überholen. Das Schussbild hier ist ebenso breit wie das, was Sie wirksam bei den Querscheiben in der zweiten Lektion angewendet haben. Dabei war aufgrund der Entfernung ein größeres Vorhaltemaß angemessen. Hier ist dies aufgrund der relativen Geschwindigkeit und weil sich das Ziel von links nach rechts bewegt notwendig.

Konzentrieren Sie sich und handeln Sie so entschieden und aggressiv wie möglich. Fügen Sie Ihrem inneren Bild von der Schrotstreuung noch einen weiteren Aspekt hinzu: Stellen Sie sich vor, den Abzug so zu betätigen, dass die Schrotgarbe volle 60 Zentimeter vor dem Ziel auftrifft. Versuchen Sie es noch einmal. Sie haben jetzt ein paar getroffen. Zeit für eine Pause.

Aus zwei Gründen ist es wichtig, dass die Läufe auf einen Punkt ein wenig unterhalb der Scheibe gerichtet werden. Erstens ist das Ziel so besser zu sehen, und zweitens, jeder Abpraller vergrößert die Chance, dass die Tonscheibe bricht.

Die abgehende Scheibe

Unser nächstes Ziel ist die abgehende Scheibe. Die Wurfmaschine befindet sich direkt vor Ihnen auf der anderen Seite des Bunkerrands. Beim Abruf fliegt die Wurfscheibe direkt von Ihnen fort.

Ihre Reaktion verläuft vermutlich genau so wie bei der ersten Überkopf-Scheibe: Die Geschwindigkeit, der Zeitmangel und dass die Wurfscheibe, die mit wachsendem Abstand immer kleiner wird, immer schwerer zu treffen scheint.

Ehe Sie es ausprobieren, möchte ich Sie an ein paar Dinge erinnern, die diese Version leichter machen.

Die Wurfscheibe scheint in einer geraden, flachen Bahn direkt von ihnen fortzufliegen, daher entsteht leicht die Neigung, zu zielen, sobald die Flinte im Anschlag ist. Wenn Sie sie an diesem Punkt annehmen, bleibt die Flinte praktisch stehen. Das Annehmen bedeutet auch, dass Sie zu lange mit dem Schuss warten, und in dieser Zeit wird die Flugbahn der Wurfscheibe flacher oder fällt bereits ab. Denken Sie daran, dass das Schießen mit einer Flinte auf ein bewegliches Ziel genau so ist, wie mit dem linken Zeigefinger auf etwas zu deuten. „Deuten und schießen!" heisst es daher. Dann klappt alles.

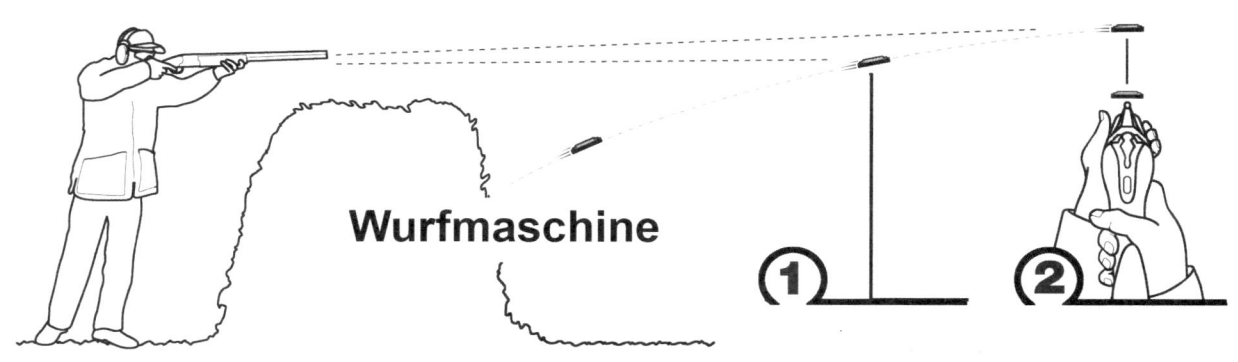

Anwendung der Grundmethode bei abgehenden Wurfscheiben

1 Annahmefeld
2 Bester Schusspunkt, ehe die Flugbahn absinkt

Okay. Versuchen wir es. Keine Sorge, wenn Sie zunächst verfehlen. Die Geschwindigkeit bei diesem abgehenden Ziel veranlasst Sie, die Flinte rasch in Anschlag zu bringen, daher wechseln Sie hier dazu über, im Anschlag abzurufen.

Die Regeln beim Parcoursschießen erlauben es, eine schussbereite Position nach Wahl einzunehmen. Viele Wurfscheibenschützen gehen abgehende Ziele immer im Voranschlag an. Achten Sie darauf, dass die Mündung auf den frühesten bestimmbaren Annahmepunkt gerichtet ist. Konzentrieren Sie sich voll auf diesen Sektor, und sobald das Ziel auftaucht, ziehen Sie die Flinte vor und drücken ab.

Schussbereite Position bei abgehender Wurfscheibe

Irgendwo auf der Flugbahn besteht eine imaginäre Linie. Solange die Wurfscheibe sich diesseits dieser Linie befindet, richten sich Augen und Gehirn automatisch und genau auf sie. Sobald diese Linie überschritten ist, zielen Sie bewusst und versuchen möglichst zu schießen und sicher zu treffen. Vergessen Sie Ihre Flinte einen Moment lang. Wann deuten Sie jemals instinktiv auf etwas, ohne dies in direkter Linie zu tun?

Bei den nächsten paar Wurfscheiben sollten Sie, sobald ich „Schuss" rufe, einfach das Ziel anvisieren und den Abzug betätigen.

Fünf Scheiben, fünf Treffer! Ich habe einfach über die Schulter auf das Korn geblickt und mich auf Ihre Augen und Ihre Zielfähigkeit verlassen.

Jetzt versuchen Sie es allein. Trauen Sie Ihrer Reaktion und drücken schnell ab. Das war sehr gut. Jetzt probieren Sie ein paar Dubletten auf Schuss. Denken Sie daran, sich hundertprozentig auf die erste Scheibe zu konzentrieren und keinen Gedanken an die zweite zu verschwenden, bis Sie die erste getroffen haben. Wenn Sie die erste getroffen haben, führen Sie die Flinte rasch zurück zum Annahmesektor, damit Sie für die zweite abgerufene Scheibe bereit sind.

Vertrauen Sie Ihren Händen. Entspannen Sie sich. Wenn Sie den Kopf ruhig halten und die Wurfscheiben direkt über dem Korn anvisieren, können Sie nicht fehlen. Zeit zum Absenken der Flinte haben Sie nicht. Schießen Sie rasch und instinktiv. Sehr gut! Das ist die perfekte Übung für den Teal (oder die Kerze).

Fünfte Lektion
Weitere Parcours-Scheiben

Teal

Das heutige Ziel, das sogenannte Teal auch Kerze genannt, hat Ähnlichkeit mit der abgehenden Scheibe, mit der wir die letzte Lektion beendeten.

Wir nehmen uns zunächst Einzelscheiben, dann Dubletten aus zwei Wurfmaschinen vor, die in einem Winkel von etwa 70° werfen. Weder die abgehende Scheibe, noch der Teal können mit der reinen Grundmethode angegangen werden, denn man kann körperlich einfach kein bewegliches Ziel führend überholen, das sich direkt von einem fortbewegt. Natürlich verfehlen Sie oberhalb, wenn Sie es mit dem Lauf abdecken.

Die einzelne Teal-Scheibe ist besonders schwierig. Abgesehen von dem wachsenden Abstand ist die Höhe der Flugbahn zu berücksichtigen. Nutzen Sie Ihren ersten Eindruck von hoher Geschwindigkeit, indem Sie instinktiv reagieren! Warten Sie mit der Flinte im Voranschlag. Sobald die Scheibe von unten her auftaucht, beschleunigen Sie die Flinte, führen Sie und drücken ab, sobald das Ziel oberhalb des Korns zu sehen ist. Achten Sie darauf, beim Schuss die gesamte Scheibe im Sichtfeld zu haben. Das Trefferbild sollte der untere Rand der Scheibe gerade oberhalb des Korns sein. Versuchen es mit ein paar Einzelscheiben. Machen Sie eine kurze Pause. Ihre Flinte ist in schussbereiter Position zu hoch gerichtet, daher ist die Scheibe zu lange von der Flinte verdeckt. Je früher Sie diese Scheibe anvisieren und führen, umso eher können Sie sie treffen. Senken Sie die Flinte aber nicht zu tief ab, sonst verschwenden Sie Zeit, indem Sie dem Ziel hinterher jagen, wenn es am schnellsten fliegt. Versuchen Sie es noch einmal.

Das war gut. Jetzt probieren wir es mit Dubletten. Diese müssen zuvor sorgfältig analysiert werden. Achten Sie darauf, wie sie rasch hochfliegen, dann scheint ihnen plötzlich die Luft auszugehen, und sie schweben einen Moment lang in der Luft, ehe sie herabfallen. Man empfindet eine natürliche Versuchung, abzuwarten, bis die Wurfscheibe langsamer wird oder schwebt, weil sie dann wie ein leichtes Ziel wirkt. In Wirklichkeit bewirkt ein sehr langsames Ziel, das fast unbeweglich wirkt, dass unsere Flinte ebenfalls zu statisch bleibt.

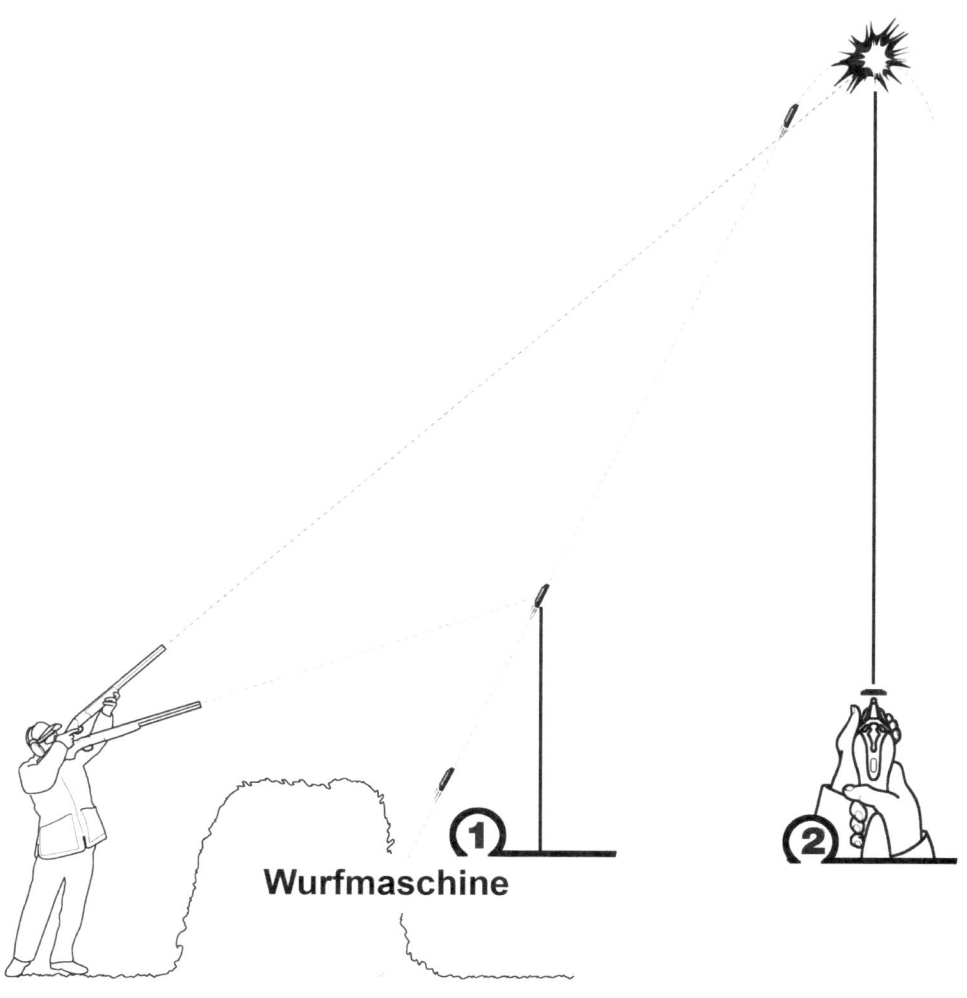

Anwendung der Grundmethode bei Teals. 1. Annahmefeld. 2. Bester Schusspunkt, ehe die Flugbahn abfällt

Schießen Sie zuerst auf die langsamer werdende Wurfscheibe genau wie auf eine Einzelscheibe, dann führen Sie die Mündung sofort zum nächsten Ziel und erstellen ein Trefferbild, bei dem das Korn etwa doppelt so weit unterhalb liegt wie bei der ersten. Lassen Sie sich nicht verführen, abzuwarten, bis beide Wurfscheiben langsamer werden. Mit dem richtigen Timing kann man die zweite Scheibe in genau dem Moment treffen, wenn sie den Höhepunkt der Flugbahn, den Zenith erreicht. Probieren Sie das ein paar Mal. Gut getroffen. Der einzige Fehler bei der ersten Dublette war die Versuchung, bei der zweiten Scheibe zu lange zu warten.

Die einkommende Wurfscheibe

Diese Version zeige ich Ihnen sofort als Dublette, weil sie beim Parcoursschießen so ausgeführt wird.

Wir haben hier Dubletten von Scheiben, die aus verschiedenen Richtungen auf Sie zukommen. Die Wurfscheiben werden von Maschinen in großem Abstand geworfen. Ich setze hier Maschinen ein, die die Scheiben aus einer Entfernung von über 90 Metern werfen.

Die Tonscheiben tauchen zuerst als winzige Punkte in der Ferne auf und befinden sich in diesem Stadium außerhalb der normalen Schussweite. Die Flugbahn steigt an und führt bis in etwa 25 Metern Entfernung von Ihnen auf Sie zu. Und genau wie die Teals scheinen sie einen Moment lang in der Luft zu schweben, ehe die Flugbahn absinkt. Zu Beginn dieses Abfallens wirken sie sehr langsam und scheinen plötzlich auch größer zu werden, weil sie sich nähern – und gerade, wenn wir denken, was für leichte Zielscheiben sie darstellen, verlieren sie den Schwung, geben der Schwerkraft nach, fallen wie Steine zu Boden und verschwinden hinter dem Bunkerrand. Ich schlage Ihnen drei Methoden vor, wie man diese Dubletten trifft, und wie erwartet, haben alle drei Vor- und Nachteile.

Als erstes kann man sie von vorn wie eine einfache herankommende Dublette schießen. Sie haben viel Zeit, in einem Abstand von 40 bis 30 Metern beide noch mitten im Aufschwung zu treffen. Sie befinden sich weit vor ihnen, und daher braucht man nur wenig Bewegung, um die Ziele zu erfassen.

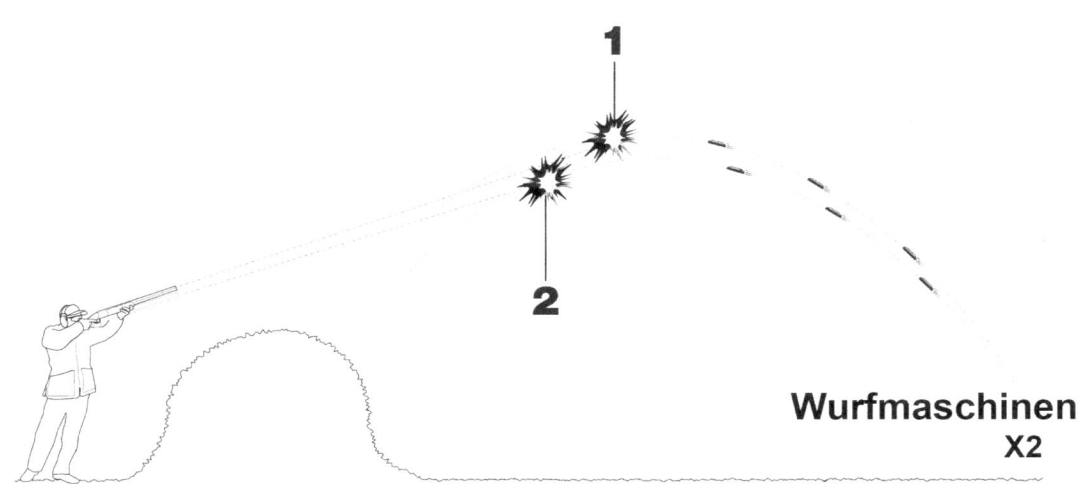

Anwendung der Grundmethode bei herankommenden Dubletten.
1. Erster Schusspunkt. 2. Zweiter Schusspunkt

Das klingt sehr einfach und ist auch tatsächlich körperlich gut zu bewältigen. Der Nachteil hier ist wieder psychologischer Natur. Die Wurfscheiben sehen bei der ersten Annahme so winzig aus, dass man sich nur schwer einreden kann, sie befänden sich in realistischer Schussdistanz. Man ist offensichtlich versucht, abzuwarten, bis die Scheiben größer und damit leichter zu treffen, scheinen. Da man aber geistig bereits vorgeplant hat, sie zu beschießen, schießt man, wenn diese bereits im Begriff sind zu fallen. Und natürlich verfehlen Sie sie dann oberhalb.

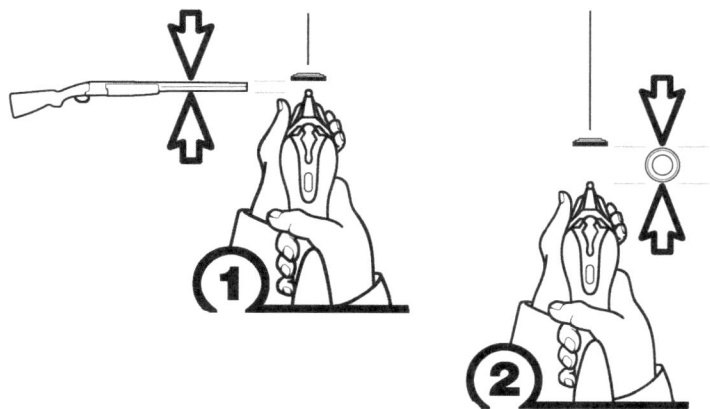

Schussbilder bei herankommenden Dubletten. 1. Führungsdistanz bei der ersten Scheibe eine Flintenbreite unterhalb. 2. Führungsdistanz bei der zweiten Scheibe scheibengroßer Abstand

Nun wollen wir eine gegensätzliche Methode betrachten, bei der man bis zum allerletzten Augenblick die Flinte gesenkt hält. Die Linke deutet mit dem Korn auf die untere der beiden Scheiben bis sie mit der Schwerkraft abzufallen beginnt.

Dann wird die Flinte rasch in den Anschlag gebracht, man visiert an und schießt unterhalb der Scheibe. Vorteile und Nachteile sind umgekehrt zur „Vorausmethode". Psychologisch gesehen wirken die Wurfscheiben hier am leichtesten zu treffen, weil sie nahe sind und vertrauenerweckend groß erscheinen. Physisch gesehen aber fallen die Wurfscheiben in dieser Phase sehr rasch ab, und dann wird es schwierig, die Flinte weit genug unterhalb zu führen. Wenn sich die Ziele außerdem so nahe befinden (in etwa 10 Metern Abstand), ist die Auffächerung des Schrots noch sehr eng und es besteht daher eine geringere Chance auf einen Treffer.

Die letzte Methode ist eine Kombination, die irgendwo zwischen diesen beiden ersten angesiedelt ist. Man versucht, die Wurfscheiben zu treffen, wenn sie gerade den Zenith überschritten haben, aber noch genug Schwung für den Vorwärtsflug haben. Legen Sie die Flinte nicht zu früh in den Anschlag, sonst zielt man zu früh. Die erste Wurfscheibe treffen Sie, indem Sie den Bereich unterhalb anvisieren – ein Trefferbild mit einem laufbreiten Lichtstreifen zwischen Scheibe und Korn. Versuchen Sie, das Trefferbild nicht allzu genau zu bestimmen - einfach anlegen und abdrücken. Dann richten Sie die Flinte auf einen Punkt unterhalb der zweiten Scheibe und drücken zum zweiten Mal ab. Das Trefferbild/Vorhaltemaß – bis zu drei Laufbreiten muss weiter ausfallen, denn diese zweite Scheibe sinkt nun rascher ab.

Probieren Sie bei diesen herankommenden und abfallenden Wurfscheiben die verschiedenen Methoden aus, um herauszufinden, welche Ihnen am besten liegt. Versuchen Sie zuerst, sie in gutem Abstand davor zu schießen. Das gelingt Ihnen ein paar Mal, aber man muss sich schon dazu überreden, nicht wahr?

Versuchen Sie die anderen Methoden. Der Versuchung, abzuwarten, bis sie näherkommen, ist schwer zu widerstehen, wie Sie gerade entdeckt haben. Das Timing ist überaus wichtig, und man muss sich sehr stark disziplinieren, um es bei jeder Wurfscheibe genau hinzubekommen. Messen Sie Ihre Fähigkeiten nicht an diesen Dubletten. Ich wollte Ihnen nur die Chance geben, dies auszuprobieren und ihnen ein paar Tipps dazu geben.

Looper

Noch eine weitere Wurfversion, ehe wir diese Lektion beenden: Der Looper oder die Parabolscheibe. Man findet wohl kaum einen Parcoursstand mit nicht mindestens einem Looper.

Diese Wurfscheibe verhält sich genau so wie es der Name besagt. Sie bewegt sich parabolartig durch die Luft. Dabei fliegt sie von links nach rechts, von rechts nach links, in beide Richtungen, kommt in einem Winkel auf Sie zu oder fliegt von Ihnen fort.

Ihr Looper heute fliegt von links nach rechts im rechten Winkel in etwa 20 Metern Abstand.

Beobachten Sie zunächst ein paar dieser schlingernden Wurfscheiben. Dieses bestimmte Ziel bewegt sich in drei Dimensionen. Es steigt an, es fliegt quer, es bewegt sich nach unten. Das kann sehr viele Zielprobleme bedeuten. Aber das muss nicht sein.

Ich zeige Ihnen eine sehr einfache Methode, wie man diese Wurfscheiben-Version beherrscht. Bei diesem simplen Ansatz müssen Sie allerdings die Grundmethode vergessen. Sie werden dieses Ziel weder anvisieren, noch werden sie es führen.

Als erstes bestimmen Sie den Schusssektor, welcher sich bei diesem Ziel idealerweise nach zwei Dritteln der Flugbahn befindet. Alle früheren Punkte würden bedeuten, dass man sich hetzen muss. Ein späterer Schusspunkt bedeutet, dass die Scheibe schon rasch absinkt.

Jetzt bestimmen Sie das Schussbild. Ja, es handelt sich um ein zweidimensionales Schussbild, weil die Wurfscheibe gleichzeitig quer fliegt und absinkt.

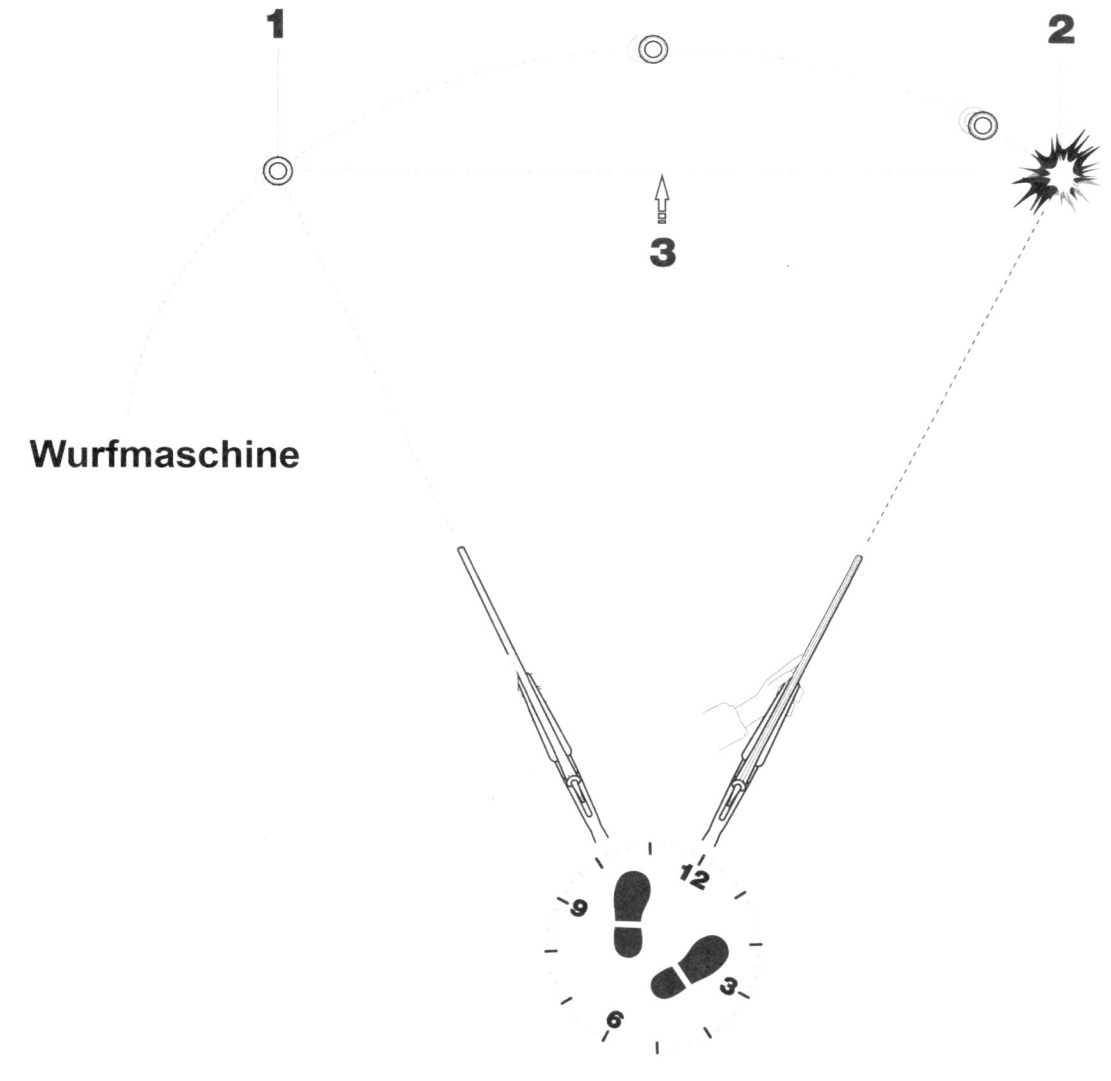

Looper-Wurfscheibe links-rechts

1. *Annahmesektor, nach einem Drittel der Flugbahn*
2. *Schusspunkt etwa 30 Zentimeter davor und 15 Zentimeter unterhalb*
3. *Imaginäre gerade Linie von Annahmefeld zum Schusspunkt*

Erstellen Sie ein Schussbild, bei dem die Flintenläufe auf einen Punkt etwa 30 Zentimter vor der Scheibe und 15 Zentimeter darunter weisen.

Als letztes müssen wir die Looper-Scheiben innerlich ausblenden. Beobachten Sie die Flugbahn einer weiteren Wurfscheibe und ziehen Sie vor dem inneren Auge eine gerade Linie vom Annahmepunkt bis zum projizierten Schusssektor. Der Annahmepunkt befindet sich etwa nach einem Drittel der Flugbahn. Natürlich ändert sich der Ausgangspunkt mit den verschiedenen Abwurfwinkeln, doch gewöhnlich liegt der Annahmesektor zwischen einem Drittel oder der Hälfte der Flugbahn.

Okay. Probieren Sie es. Nein, Sie zielen hinter die Scheibe und viel zu hoch. Ja, ein zweidimensionales Schussbild ist seltsam, aber nützlich.

Noch einmal. Nein, der Schuss geht immer noch über das Ziel hinaus. Denken Sie daran, den Schaftrücken extra fest gegen die Wange zu drücken, weil auf man ein bewegliches Ziel in Richtung links-rechts schießt.

Ehe Sie abrufen, visualisieren Sie die imaginäre gerade Linie und gehen im Geiste das Schussbild mit der Flinte in 30 Zentimetern Führungsdistanz und 15 Zentimetern unterhalb durch.

Führen Sie die Flinte zu einem Annahmepunkt, der ein wenig weiter auf der Flugbahn liegt. Okay. Fokussieren Sie und versuchen es noch einmal. Gut. Ein sauberer Treffer. Das reicht für heute. Sie haben eine Pause verdient.

In der nächsten Lektion können Sie Ihre neugewonnenen Fähigkeiten bei ein paar typischen Parcours-Schießkombinationen anwenden.

Sechste Lektion
Dubletten-Kombinationen

In dieser Lektion erleben Sie die Herausforderungen und Freuden einiger Kombinationen von Parcoursscheiben als Dubletten. Es gibt natürlich endlos viele Variationen, und die Vielfalt der Ziele wird allein von der Fantasie der Person begrenzt, die sich das Parcours-Layout ausdenkt.

Abgehende und ankommende Wurfscheiben auf Schuss

Beobachten Sie das erste Paar Wurfscheiben, auf die Sie zielen werden. Die erste Tonscheibe fliegt direkt vor Ihnen fort, ähnlich wie in der Vierten Lektion.

Die zweite Scheibe fliegt direkt auf Sie zu, genau, wie Sie es in der Ersten Lektion gelernt haben.

Am wichtigsten hier ist Ihre Vorbereitung bei der Bestimmung einer logischen Sequenz von Schusssektor, Fußstellung, Annahmefeld und schussbereiter Position.

Die erste Wurfscheibe will sicher und instinktiv getroffen werden. Ihre Füße sind auf die Wurfmaschine gerichtet. Sie nehmen die Scheibe oberhalb der Maschine an, wo Sie sie deutlich erkennen können. Beim Schussbild sitzt die Scheibe direkt über dem Korn, und da es sich um eine abgehende Scheibe handelt, beginnen Sie im Voranschlag.

Jetzt folgt die Vorbereitung für die Scheibe auf Schussabruf, die frontal auf Sie zukommen wird. Sie werden Sie in einem Winkel von etwa 70° bis 80° vor Ihnen schießen, daher brauchen Sie die Fußstellung nicht zu ändern. Sie müssen die Flinte nun anheben, bis zu einem Punkt oberhalb der Bäume vor Ihnen, damit Sie ein deutliches, gutes Schussfeld haben. Ihr Trefferbild blendet die Scheibe aus, weil Sie sie mit dem Lauf abdecken. Außerdem senken Sie die Flinte nach dem ersten Schuss in eine entspannte Position, wobei der Schaft etwa halbwegs vor dem Oberkörper liegt.

Okay. Laden Sie zwei Patronen, gehen Sie in Stellung und konzentrieen sich auf das, was Sie geradevor dem inneren Auge geprobt haben. Dann rufen Sie die ersten beiden Wurfscheiben ab.

Verfehlt! Versuchen Sie es noch einmal. Wieder nichts! Ich will Ihnen verdeutlichen, was hier passiert ist. Es handelt sich um eine typische Situation beim Parcours-Wurfscheibenschießen, wo die beiden Ziele gegensätzlich fliegen. Damit meine ich, dass bei der ersten Scheibe das Ziel sichtbar knapp über dem Korn platziert wird. Doch unmittelbar darauf folgt eine Scheibe, die man nicht sehen darf und die man abdecken muss! Diese einfache Tatsache ist die Ursache Ihrer Fehlschüsse. Versuchen Sie es noch einmal. Diesmal decken Sie die einkommende Scheibe mit dem Lauf ab.

Los! Sehr gut Beide getroffen! Probieren Sie noch ein paar dieser Dubletten. Wenn man sich auf die beiden Wurfscheiben als einzelne Ziele konzentriert, wird es viel leichter, nicht wahr?

Schauen wir uns eine weitere Kombination an.

Quartering Wurfscheiben auf Schuss

Die erste Scheibe wird von einer Maschine hinter Ihnen losgeschickt, Sie fliegt an Ihnen vorbei und von Ihnen fort, aber in leichter Rechtsrichtung. Dieses Ziel hat daher zwei Dimensionen, denn Sie bewegt sich von Ihnen fort und gleichzeitig nach rechts. Man nennt dies üblicherweise ein Quartering Ziel das sorgfältig analysiert werden muss.

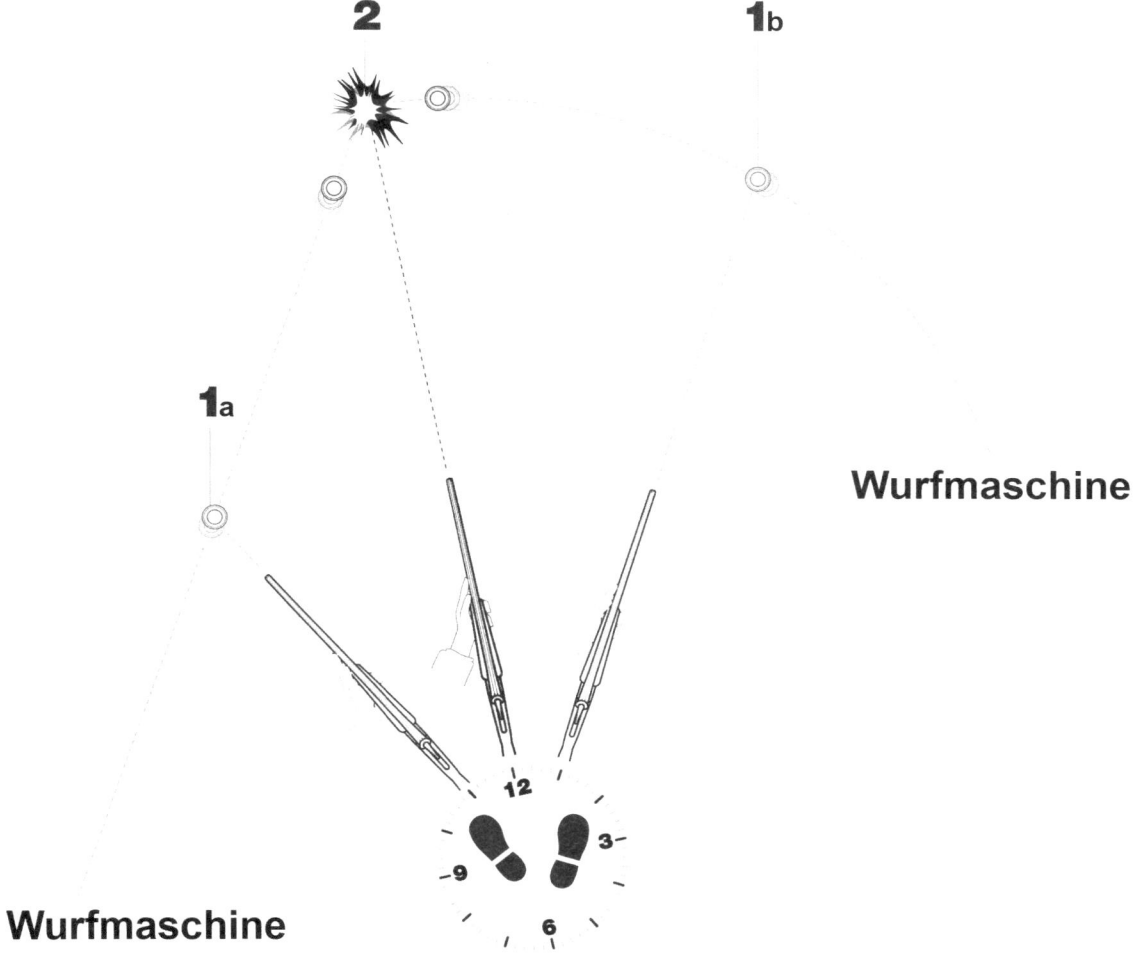

Eine Links-Rechts-Quartering Scheibe gefolgt von einem Rechts-Links Looper auf Schussabruf

1a. Annahmepunkt für Quartering
1b. Annahmepunkt nach der Hälfte der rechten Flugbahn
2. Schussfeld für beide Scheiben

Jetzt zur zweiten Wurfscheibe – die auf Schussabruf erfolgt. Eine Wurfmaschine rechts hinter Ihnen wirft Ihnen einen Looper zu. Aber auch hier handelt es sich um ein Quartering Ziel, weil sie sich entfernt und gleichzeitig eine Rechts-Links-Bewegung ausführt.

Sie haben bisher noch auf keine Quarterings geschossen, aber auf geradeaus- und querfliegende Wurfscheiben. Sie müssen die beiden Techniken einfach miteinander verbinden.

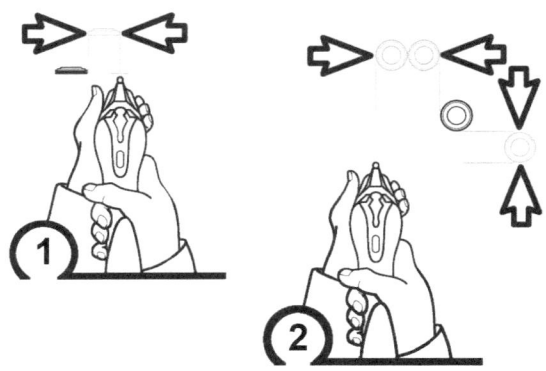

Schussbilder für diesen Typ Quartering auf Schuss.

Da beide Scheiben abgehen, muss man hier rasch und instinkiv abdrücken. Alle abgehenden Scheibe verlangen einen aggressiven Ansatz. Bei diesem Ziel braucht man außerdem nur ein geringes Vorhaltemaß. Stellen Sie sich innerlich ein Schussbild vor, bei dem das Korn leicht unterhalb sitzt, mit einem Führungsabstand von etwa einer Standardscheibe weit rechts vom Ziel.

1. Etwa eine Scheibenbreite rechts und gerade eben unterhalb bei der Links-Rechts Quartering.

2. Etwa zwei Scheibenbreiten davor und eine Scheibenbreite unterhalb beim Links-Rechts Quartering.

Das Annahmefeld ist hier besonders wichtig, wie bei allen schnellen Wurfscheiben. Wenn man zu weit zum Anfang der Flugbahn geht, muss man dem Ziel nachjagen und schießt vermutlich daneben. Bei zu später Annahme schießt man vermutlich auf die Scheibe, wenn ihr bereits die Luft ausgeht und sie abzusinken beginnt.

Beobachten Sie ein paar dieser Wurfscheibenkombinationen und überlegen sich genau das Annahmefeld. Denken Sie daran, dass Sie für sich selbst die beste Reaktions-Situation erzeugen sollten.

Achten Sie auch darauf, die Füße in Richtung des gewählten Schusssektors zu stellen. Schließlich schlage ich vor, diese schnellen Ziele im Voranschlag anzugehen.

Noch ein Tip zum Voranschlag. Richten Sie die Waffe auf den Annahmepunkt, wobei der Schaftrücken eng an Wange und Schulter liegt. Als nächstes heben Sie den Kopf leicht an, um abzurufen. Das verbessert Ihr Sichtfeld und beschleunigt daher Ihre Reaktionen. Wenn Sie das Ziel anvisieren, pressen Sie den Schaftrücken erneut an die Wange.

Versuchen Sie es mit ein paar einzelnen Wurfscheiben, ehe Sie es mit einer Dublette probieren. Rufen Sie ab, sobald Sie bereit sind. Die erste haben Sie verfehlt. Denken Sie daran, den Kopf zurück auf den Schaftrücken zu senken, wenn Sie das Ziel angenommen haben. Nochmal. Der Schuss verfehlte das Ziel knapp links. Schießen Sie rasch, gehen Sie das Ziel aggressiv an, greifen Sie es an!

Das war besser. Jetzt drücken Sie viel schneller ab.

Jetzt zum Looper. Ihr bestes Schussfeld ist fast genau dort, wo Sie die erste Scheibe getroffen haben, daher braucht sich Ihre Fußstellung nicht zu ändern. Denken Sie an die imaginäre gerade Linie. Ich würde bei dieser Parabolscheibe die Linie etwa halbwegs auf der Flugbahn ansetzen. Nun zum Schussbild. Zwei Scheibenbreiten davor, eine Scheibenbreite unterhalb. Die Wurfscheibe ist schnell, sie segelt quer von Ihnen fort, daher halten Sie die Flinte nach dem ersten Schuss im Anschlag. Der kritischste Teil Ihrer Vorbereitung ist, dass man die Mündung sehr schnell zum zweiten Annahmepunkt bewegt.

Gehen Sie die Situation im Geiste durch. Zwei verschiedene Schussbilder, zwei verschiedene Annahmepunkte. Konzentrieren Sie sich, und wenn Sie bereit sind, rufen Sie ab. Beide getroffen. Sehr gut. Sehr gute Planung.

Legen Sie eine kleine Pause ein, während ich Ihnen weitere Zielkombinationen zeige.

Simultane Querscheiben

Ihre letzte Übung in dieser Lektion besteht aus simultanen Dubletten von links nach rechts querfliegenden Wurfscheiben. Nur, um es noch interessanter zu machen, wirft die eine Maschine eine Standardscheibe aus, die andere aber Midi-Scheiben.

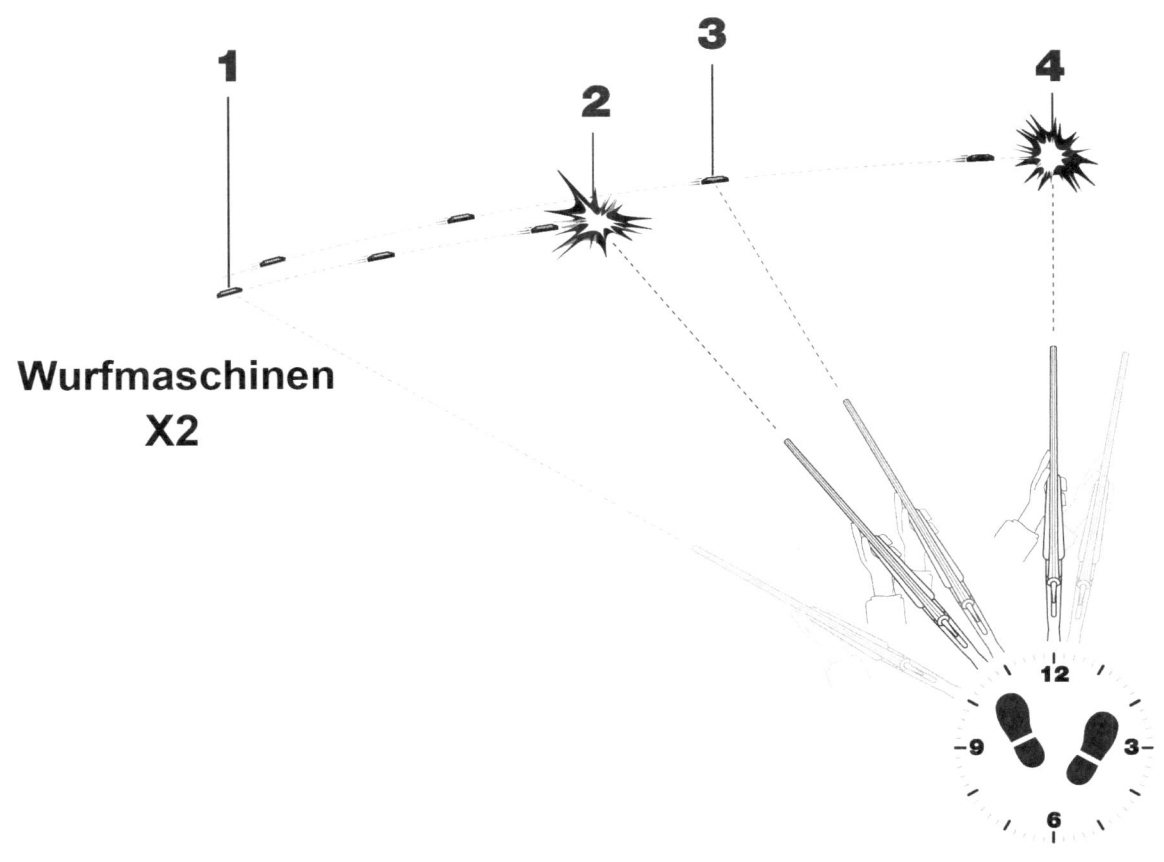

Das Zielen auf ein links-rechts querfliegendes Paar

1. Erste Scheibe annehmen
2. Vor die erste Scheibe führen und abdrücken
3. Zweite Scheibe annehmen
4. Vor zweite Scheibe führen und abdrücken

Beobachten Sie das erste Paar im Flug. Da gehen sie ab, in einem Abstand von etwa 25 Metern vor ihnen. Die Midi-Scheibe fliegt etwa 1 Meter vor der Standardscheibe, weil sie kleiner und leichter ist und die Wurfmaschine in höherem Tempo verlässt als die Standardscheibe. Die Midi-Scheibe wirkt auch weiter entfernt, aber lassen Sie sich davon nicht täuschen. Der Grund dafür ist einfach, dass sie kleiner ist.

Gut. Zeit, sich vorzubereiten. Auf welches Ziel werden Sie zuerst anlegen? Denken Sie an die Theorie: Die Standardscheibe als zweites Ziel sollte zuerst anvisiert werden, denn beide Scheiben fliegen von links nach rechts, und die Führung vor die hintere Scheibe wird natürlicherweise die Flinte vor die erste Scheibe bringen.

Idealerweise treffen Sie das erste Ziel, wenn es sich direkt vor Ihnen befindet. Denken Sie daran, dass es von links nach rechts geht, und beide in einem Winkel von 90° an Ihnen vorbeifliegen. Daher haben Sie maximale Sicht. Sie brauchen ein großes Vorhaltemaß. Visualisieren Sie ein Schussbild, das wirkt, als würden Sie beide in einem Abstand von 60 Zentimetern davor verfehlen. Das zweite Ziel sollten Sie so rasch wie möglich treffen. Lassen Sie es nicht zu weit fortfliegen. Stellen Sie die Füße in die Richtung, aus der Sie die zweite Scheibe treffen wollen, damit sich Ihr Oberkörper natürlich in diese Richtung bewegt.

Denken Sie daran, den Schaftrücken eng an Wange und Schulter zu drücken. Gehen Sie in Stellung und gehen die Schussbilder vor dem inneren Auge durch. Richten Sie die Mündung 60 Zentimeter vor beide Scheiben, wenn Sie den Abzug betätigen. Konzentration. Abruf. Beide verfehlt. Versuchen Sie es nochmal. Wieder verfehlt.

Keine Sorge um diese Fehltreffer. Sie brauchen einfach ein größeres Vorhaltemaß. Zielen Sie 60 Zentimeter vor die Scheiben. Nochmal. Verpasst. Seien Sie nicht frustriert. Wir schauen uns einfach eine andere Methode an, wie man diese besondere Zielkombination trifft.

Wissen Sie noch, wie Sie es zuerst mit simultanen Paaren probiert haben? Der Versuch, sich auf ein bewegliches Ziel zu konzentrieren, während man von einem zweiten abgelenkt wird, ist sehr verwirrend. Ich glaube, das Problem ist hier, wenn Sie die Mündung auf einen Abstand von 60 Zentimetern vor die hintere Scheibe führen, ist sie fast direkt auf die erste Scheibe gerichtet. Das lenkt ab und verwirrt.

Versuchen wir es mit einem anderen Plan. Die Grundmethode ist ja flexibel, und wenn der eine Ansatz nicht klappt, dann ist es immer möglich, einen anderen zu versuchen. Gehen Sie in Stellung mit der gleichen Fußposition wie zuvor, aber bei dieser Dublette nehmen Sie die erste Scheibe, die Midi, zuerst an und treffen Sie. Meine Theorie ist, dass Sie auf die erste einfach schneller reagieren und sie treffen, noch ehe Sie sich im rechten Winkel vor Ihnen befindet. Außerdem haben Sie so die Ablenkung ausgeschaltet.

Rufen Sie eine Dublette ab. Naja. Sie haben die Midi-Scheibe pulverisiert, und das zweite Ziel nur verfehlt, weil Sie den Schaftrücken von der Wange gelöst haben. Denken Sie immer daran, dass Rechtshänder bei querfliegenden Zielen die Flinte immer sehr eng in der Schulterbeuge und an der Wange halten müssen.

Abruf. Fantastisch! Sie haben beide getroffen. Und nochmal: Beide getroffen. Das ist sehr gut, denn Sie haben diesen Erfolg wirklich verdient. Das ist auch ein schlichtes Beispiel dafür, wie man ein Ziel auf mehr als nur eine Weise treffen kann.

Wie Sie inzwischen gemerkt haben, kann man die Grundmethode nicht immer ausschließlich bei Zielen aus allen Winkeln anwenden, aber sie bildet immer noch ein System, mit dem man alle Vorteile zu seinen Gunsten ausnutzen kann. Man hat viel mehr Erfolg mit einem System, das man an verschiedene Zielversionen anpassen kann, statt sich mehrere verschiedene Systeme anzueignen, um eine unbekannte Zahl von verschiedenen Situationen zu bewältigen.

Wenn man seine Schießfertigkeit verbessern will, muss man einfach regelmäßig üben. Ideal ist mindestens zweimal im Monat, dazu zwischendurch ab und zu eine Schießstunde, um eventuelle Probleme zu regeln.

Das ist genug für heute. Jetzt gehen wir auf einen Kaffee ins Clubhaus, und ich erzähle Ihnen von ein paar anderen Schießdisziplinen.

Weitere Wurfscheiben-Disziplinen

Beim Wurfscheiben- oder Tontaubenschießen gibt es grundsätzlich drei Grunddisziplinen: Parcours, Trap and Skeet.

Alle drei leiten sich historisch von der Jagd auf lebendige Vögel ab, doch an diese Ursprünge erinnert sich heutzutage kaum jemand, denn alle drei Disziplinen sind heute als individuelle Schießsportarten bei Wettkämpfen und als Freizeitaktivität bekannt und anerkannt.

Parcours, Trap und Skeet sind heute die drei erkennbaren Oberbegriffe, die aber sehr unterschiedliche Formen des Wurfscheibenschießens bezeichnen. Alle drei bieten eine Reihe unterschiedlicher Methoden, jede einzelne hat eigene, spezifische Regeln.

Parcours-Wurfscheibenschießen

Bei Ihren bisherigen Lektionen haben Sie auf Parcours-Wurfscheiben geschossen. Wenn Sie diesen Zieltypus bei einem Wettkampf vor sich hätten, würden Sie sich nach den Regeln von *English Sporting Clays* richten - hierzulande heisst dies einfach „Sporting Clays" oder Parcours.

Wie der Name schon andeutet, ist *English Sporting* eine Wurfscheibendisziplin, die in Großbritannien ihren Ausgang nahm. Heutzutage ist diese Art von Wurftaubenschießen in der ganzen Welt verbreitet und die beliebteste Disziplin. Ihre Popularität beruht auf der unbegrenzten Vielfalt der Ziele und dass die Regeln allen Leistungsstufen beim Schießen angepasst werden können.

Bei Spitzenwettkämpfen werden natürlich extrem herausfordernde Zielversionen angeboten, doch ein oder zwei geschickt aufgestellte Wurfmaschinen können dem Anfänger wie auch erfahrenen Schützen stundenlang Spaß und Herausforderungen bieten.

Betriebsveranstaltungen und Events

In den letzten Jahren ist es in manchen Firmen Mode geworden, der Belegschaft einen „Wurfscheiben-Schießtag" anzubieten. Diese Veranstaltungen haben dafür gesorgt, dass die Sportart ungeheuren Zuwachs erlebt hat. Diese Betriebsveranstaltungen sind für tausende von Menschen eine erste Einführung in die Sportart geworden, von denen viele das Wurfscheibenschießen zu ihrem neuen Hobby gemacht haben. Ein hoher Prozentsatz dieser Neulinge hat keinerlei Interesse an Wettkämpfen; sie sind zufrieden mit dem „privaten" Wettbewerb des Individuums gegen die Wurfscheibe und froh über die Gesellschaft anderer Freizeit-Schützen.

Die sportlichen Disziplinen bei diesen Veranstaltungen sind sicherlich gesellschaftlich am nettesten.

Flushes und Flurries

Vielleich werden Sie selbst irgendwann an einem solchen Team-Wettkampf teilnehmen. Normalerweise werden hier *Flushes* angeboten oder die sehr ähnlichen *Flurries*.

Ein Flush beschreibt eine Situation, bei der eine oder mehr Wurfmaschinen zusammen aufgestellt werden, um eine Reihe von Wurfscheiben an ein Team aus zwei, drei oder vier Schützen zu schicken, entweder in einer vorab bestimmten oder einer zufälligen Abfolge.

Flurries bieten ähnlichen Spaß und Herausforderungen wie die *Flushes*. Der einzige Unterschied besteht in der Aufstellung der Wurfmaschinen, die zwei oder mehr Zielversionen aus verschiedenen Entfernungen und Richtungen beschicken.

Diese Team-Flushes sind sehr beliebt bei Betriebs- und Wohltätigkeitsveranstaltungen.

Hier gibt es keinen formellen Regelkodex, denn solche Wettkämpfe verlaufen sehr entspannt nach eigenen Regeln. Die Sicherheit ist allerdings wie immer von oberster Bedeutung, daher werden die *Flushes* für individuelle Team-Mitglieder aus käfigartigen Sicherheitsständen abgewickelt, was verhindert, dass die Flinten in riskante Zonen gerichtet werden.

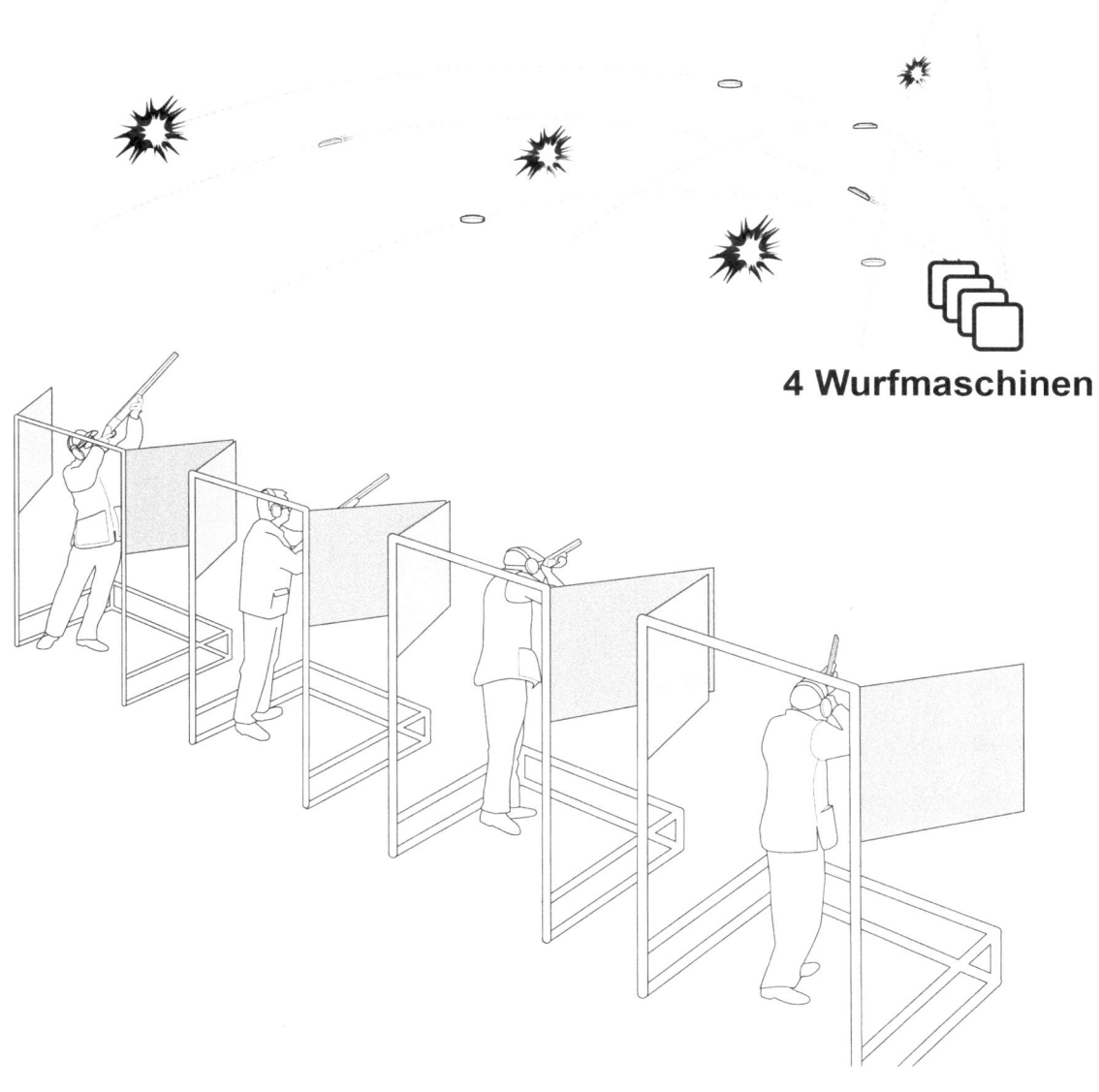

Ein Vierer-Team bei einem Flush

Team-*Flushes* bieten Teilnehmer wie Zuschauer ein faszinierendes und aufregendes Spektakel! Sobald der *Flush* durch einen anfänglichen Abruf beginnt, kann nichts mehr vorhergesagt werden. Oft steht das Viererteam vor bis zu sechs Scheiben in der Luft. Diese sechs Wurfscheiben können von unterschiedlicher Größe sein, in verschiedenen Farben, Geschwindigkeiten und Winkeln! Das coolste und disziplinierteste Team gewinnt den *Flush*. Die meisten *Flush*-Scheiben werden eher von Schützen verfehlt, die zu aufgeregt sind, um nachzuladen, statt durch ungenaues Schießen.

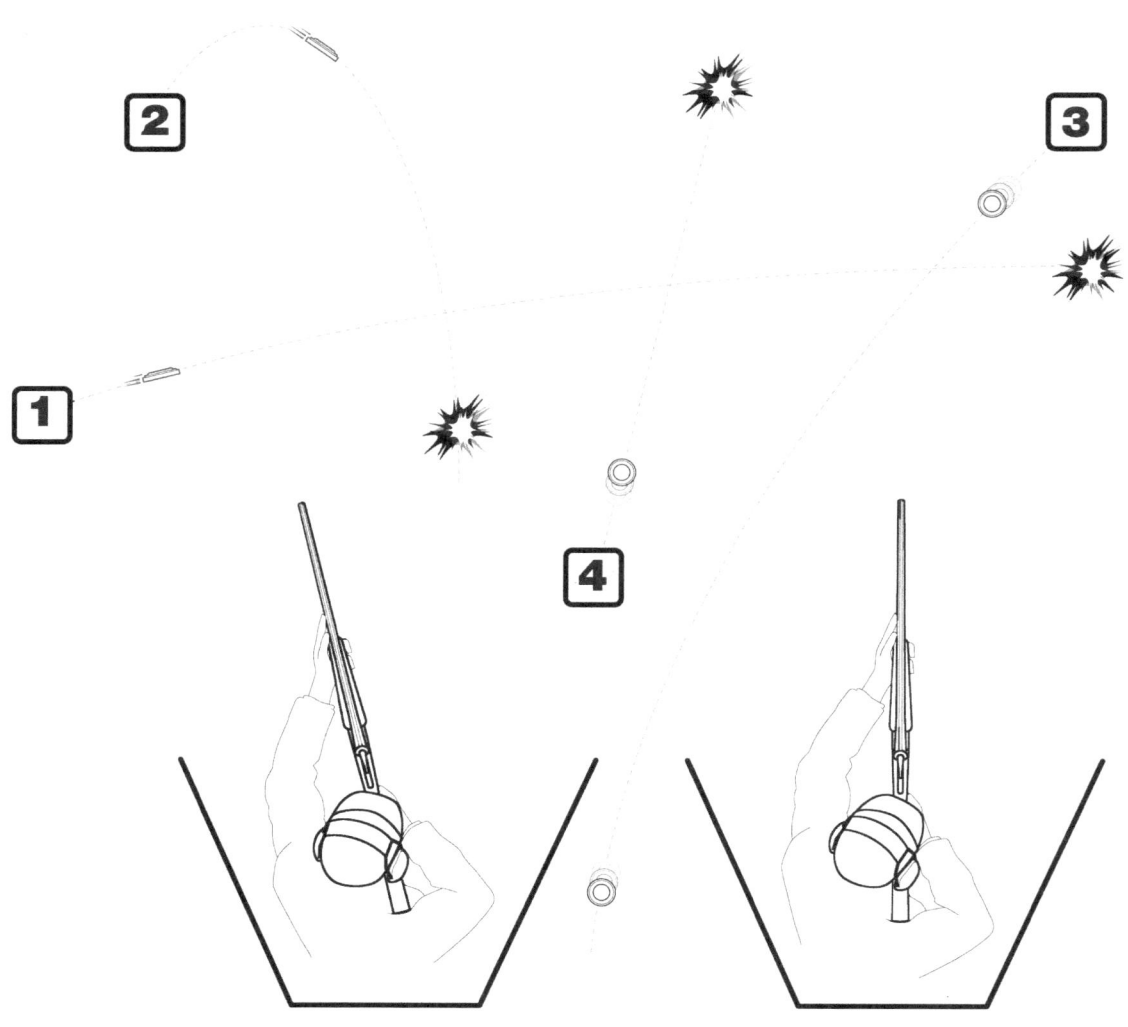

Ein Zweier-Team bei einem Flurry mit vier Wurfmaschinen

Die Theorie für einen erfolgreichen Team-*Flush* besagt, dass man vorab einen Plan aufstellt, wer welche Ziele anvisiert. Sobald der *Flush* angefangen hat, muss sich jedes Mitglied der Mannschaft auf die anderen Partner voll verlassen und sich gleichzeitig selbst diszipliniert an seinen Teil des Schießplans halten. Das geht immer gut, bis das erste Ziel verfehlt wird. Man muss sich ungeheuer beherrschen, ein Ziel nicht anzunehmen, wenn die Flinte gerade wieder geladen ist. Falls Sie es verfehlen, haben Sie sofort zwei Scheiben in der Luft über Ihnen. Aber jetzt sind beide Läufe leer! Ein anderes Mitglied des Teams erlegt Ihr Paar, und dann hat er eine ungeladene Flinte! Das Ergebnis ist Chaos und lautes Fluchen - aber trotzdem macht es ungeheuren Spaß.

Ich habe selbst an ein paar sehr aufregenden und ausgefeilten Schussplänen für einen *Flush* teilgenommen oder sie beobachtet. Nur sehr selten werden diese schönen Pläne auch ausgeführt! Dann ist der Spaß im Publikum genau so groß wie bei den Teilnehmern.

FITASC Kompac Sporting

Die neueste und vermutlich härteste Einrichtung bei unseren sportlichen Disziplinen heisst FITASC.

Diese sehr anspruchsvolle Form des Sportschießens ist die französische Version, wie man für das jagdliche Schießen übt. Es wurde in den Sechzigern als reguläre Wettkampfdisziplin formalisiert und ist heute weltweit sehr beliebt. Der französische Titel „Parcours de Chasse" bedeutet grob übersetzt „Jagdparcours". In anderen Teilen der Welt heisst es oft auch „International Sporting", doch die meisten Briten kennen es unter der Abkürzung des entsprechenden Verbandes: „Federation Internationale de Tir Aux Armes Sportive de Chasse" (FITASC) In Deutschland werden nationale Wettkämpfe durch den TIRO Deutscher Verband für Jagdparcoursschießen der FITASC e.V. ausgerichtet. Der TIRO ist ab 2014 dem DSB (Deutscher Schützenbund e.V.) angebunden und richtet hier das „Jagdparcours-Schießen" aus. Ebenso gibt es unter dem Dach der FITASC den so genannten Compak Sporting Parcours. Zu Beginn von sportlichen Schießwettkämpfen schießt man normalerweise von fünf Ständen aus und von jedem Stand auf fünf verschiedene Ziele. Man kann seine Punktzahl optimieren, weil man das gleiche Ziel wiederholt angeht.

Der Hauptunterschied und die größere Herausforderung beim FITASC besteht darin, dass man nur ein einziges Mal auf eine bestimmte Zielversion, einzeln oder Dublette, schießt.

Dazu kommt eine Regel hinsichtlich der schussbereiten Position, bei der man die Flinte mit beiden Händen deutlich von der Schulter entfernt hält. Die Flinte berührt den Körper nur in der Achselhöhle. Der Schütze darf sich erst aus dieser Position bewegen, wenn die Wurfscheibe oder die Wurfscheiben im Sichtfeld erscheinen.

Bei FITASC-Wettkämpfen sind hundert Ziele gewöhnlich das Minimum, aber verbreitet sind auch 150 oder 200. Die meisten FITASC-Wettbewerbe dauern mindestens einen ganzen Tag, die größeren Wettkämpfe erstrecken sich oft über zwei, drei, vier oder sogar fünf Tage, je nach Teilnehmerzahl.

Ein FITASC Wettkampf-Parcours mit fünf Wurfmaschinen und drei Schießpositionen

In einen FITASC-Wettkampf spaziert man nicht einfach hinein und schlendert von Stand zu Stand, um zu entscheiden, auf was man zuerst anlegen will! Die Teilnehmer werden in Rotten von bis zu sechs Personen aufgeteilt und erhalten genaue Regeln wo, wie und in welcher Reihenfolge sie zu schießen haben. Jeder Parcours besteht aus 25 Zielen mit einer unterschiedlichen Sequenz aus Einzelscheiben und Dubletten. Bei jedem Stand schießt der Teilnehmer eine Reihe von Scheiben aus unterschiedlichen Schießpositionen. Die Mitglieder der Rotte wechseln sich ab, wer in welcher Position zuerst schießt, wobei die Sequenz nur ein einziges Mal gezeigt und erklärt wird. Den Teilnehmern ist es nicht gestattet, die anderen Rotten an den anderen Ständen beim Wettkampf zu beobachten. Gefordert wird das gesamte Spektrum von Standard, Midi, Mini und bunten Scheiben, dazu Rollhase und Segel- oder Battue-Taube. Die Wurfscheiben werde in der Regel aus weiterem Abstand abgeworfen als beim englischen Sportlichen Schießen, mit der zusätzlichen Schwierigkeit von unterschiedlichen Geschwindigkeiten, Winkeln, Entfernungen, Kombinationen usw.

FITASC ist sicherlich nichts für Anfänger und nur für Schützen angesagt, die bereits im Parcours-Wurfscheibenschießen erfahren und erfolgreich sind. Die britischen Top-Schützen verdienen großes Lob, dass sie bei Weltmeisterschaften in allen Klassen Gold geholt haben.

Die Trap-Disziplinen

Beim Trapschießen unterscheiden wir grundsätzlich zwischen dem jagdlichen Trap-Schießen und dem sportlichen Trapschießen.

Die Trap- Disziplinen unterscheiden sich vom Parcours-Schießen grundsätzlich, da die Scheiben immer abgehend sind. Beim sportlichen Trap-Schießen wird stets im Voranschlag abgerufen, und das Schießen findet immer in Rotten statt. Es ist daher nicht so vergnüglich teambildend.

DTL – ein kurzer Abriss

Die älteste und einfachste Form des Trap-Schießens heisst „Down the Line", allgemein nur unter der Abkürzung DTL bekannt. Die ersten DTL-Meisterschaften wurden bereits 1893 abgehalten; als Schieß-Disziplin ist dies in Praxis und Wettkampfform ein direkter Nachfolger des Schießens auf lebendige Vögel.

Viele englische Landadlige des 19. Jahrhunderts waren begeisterte Schießsportanhänger auf lebendige Ziele. Die Vögel wurden in der Regel als abgehende Ziele erlegt, die zuvor von Treibern und Jagdhunden aus dem Unterholz aufgescheucht wurden.

Vögel, die zur Jagd aus Käfigen freigelassen werden. Notting Hill Gun Club, ca. 1880

Trotz der Privilegien und des Wohlstands des Landadels und trotz des Reichtums an Wildvögeln war es nicht möglich, das ganze Jahr über auf die Jagd zu gehen. Um regelmäßig das Schießen zu üben, beschloss eine Gruppe von begeisterten Jägern, auf Tauben, Stare, Spatzen und andere kleine Vögel zu schießen. Man beauftragte die Dienerschaft, diese Vögel mit Netzen einzufangen. Sobald man eine ausreichende Anzahl zusammen hatte, wurden sie zu der versammelten Gruppe von adligen Jägern zurückgebracht. Jedem der Gentlemen wurde ein

Diener zugeteilt. Die Herren nahmen den Zylinder ab. Dann mussten die Diener den Hut in bestimmtem Abstand vor dem Herrn auf den Boden legen. Unter jedem Hut saß eine gefangene Taube. Dem unglücklichen Vogel hatte man zuvor die Schwanzfedern ausgerissen, denn ohne diese ist ihr Flug sehr erratisch und als Ziel weniger berechenbar. Man brachte ein Band an den Hüten an, das bis zur Schussposition zurückreichte. Dann schossen die Gentlemen nacheinander auf die Taube, die auf das Kommando „Pull" unter dem Hut freikam, sobald der Diener an diesem Band zog.

Diese Jagden wurden sehr beliebt, und schon bald ersetzten mechanische Käfige die Zylinderhüte. Kurz darauf stellte man die ersten Wettkampfregeln auf, bei denen die Herren sich zu Rotten von je sechs Mann gruppierten. Der Wettkampf war scharf, und man wettete größere Summen auf den erwarteten Sieger.

Dieser barbarische Sport wurde erst 1921 gesetzlich verboten, doch das Publikum forderte mehr. Bald gab es die verschiedensten mechanischen Vorrichtungen, die leblose Ziele hochwarfen. Diese nannte man natürlich „Traps" (Fallen). Anfangs waren mit Federn angefüllte Glaskugeln sehr beliebt, bis die erste Tontaube in den frühen Zwanzigern aus den USA eingeführt wurde. Ursprünglich bestand sie aus gebranntem Ton, doch man entwickelte bald eine dauerhaftere Version aus Pech und Kalk.

DTL heute

Der moderne Schießsport unterscheidet sich nur wenig von den Vorgängern um 1890, wenn man mal von den Verbesserungen bei den Wurfmaschinen, den Flinten und der Munition absieht.

Rotten aus sechs Schützen bewegen sich von einer der fünf Schießpositionen (oder Ständen) zur nächsten. Sie liegen etwa 15 Meter hinter einer geschützten, im Boden eingelassenen Wurfmaschinen-Position. Von diesem Bunker oder Trap-Haus ist nur die Abdeckung in einer Höhe von ca. 1 Meter zu sehen. Die Team-Mitglieder rufen von jedem Stand aus eine Einzelscheibe ab. Es werden nur Wurfscheiben in Standardgröße benutzt. Die Wurfscheiben gibt es in verschieden farblichen

Ausführungen. So sind die Standardscheiben schwarz, es gibt aber auch weisse, orangene und andersfarbige Wurfscheiben. Diese wählt man je nach Hintergrund aus, um sie deutlicher zum Beispiel vor einem dunklen Hintergrund zu erkennen.

Die Wurfmaschine muss die Scheibe mindestens 50 Meter weit bei Windstille auf eine vorgeschriebene Flugbahn abwerfen können und in unterschiedlichen Winkeln von bis zu 45°.

Die Kaliber und die Regeln für die Munition sind die gleichen wie beim Parcoursschießen. Die meisten ernsthaften Trap-Schützen wählen Nr. 7 oder 7 ½, und benutzen bestimmte Flinten – sogenannte Trap-Flinten. Diese haben gewöhnlich einen längeren Lauf, bis zu 80 Zentimeter, und sind schwerer als die meisten Sportflinten. Die meisten Trap-Flinten sind darauf ausgelegt, „hoch" zu treffen, was dem Schützen erleichtert, genau unterhalb der Scheibe zu zielen, weil so ein deutlicheres Blickfeld erreicht wird.

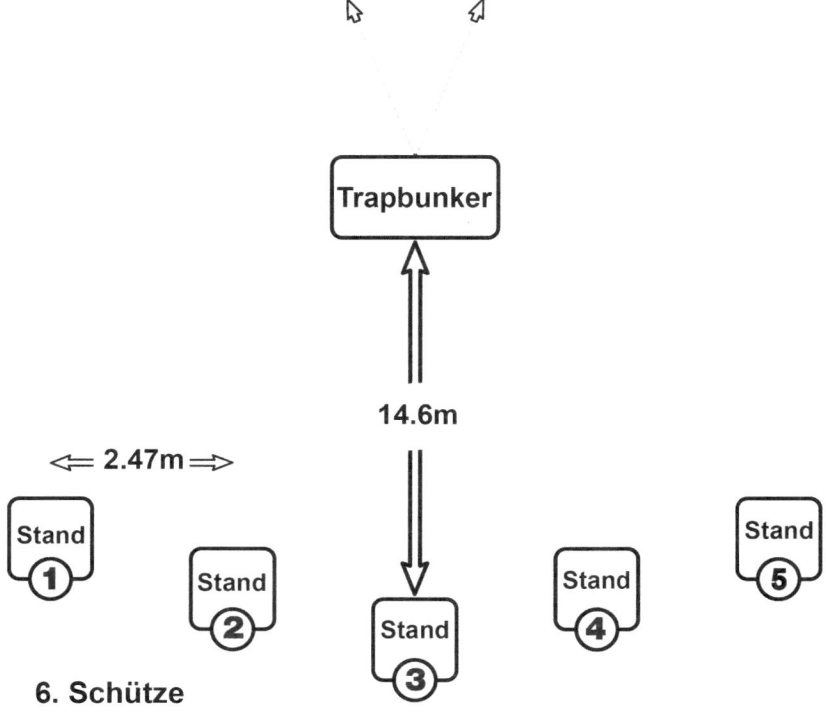

Layout beim DTL

DTL hat viele begeisterte Anhänger, aber weniger im Vergleich zum Parcours-Wurfscheibenschießen, weil dies geselliger ist und eine größere Bandbreite an Zielen bietet.

Die längeren Läufe und das zusätzliche Gewicht sind angemessener für ein statisches Ziel oder eine abgehende Scheibe mit nur wenig Querdrall. Das Extragewicht fängt die Rückstoßwirkung weitgehend auf, was wichtig ist, wenn man bedenkt, dass jedes Team-Mitglied in einer einzigen Runde mindestens 25 Patronen abfeuert und die meisten Wettkämpfe 100 oder mehr Ziele bedeuten.

Wenn der Schütze beim DTL das erste Ziel der Runde abruft, weiß er, dass er zwei Schüsse für eine einzige Wurfscheibe hat. Wenn er sie mit dem ersten Schuss trifft, erzielt er drei Punkte, mit zwei Schüssen nur zwei Punkte. Er weiß auch, dass in dieser Runde 24 weitere Wurfscheiben auf ihn warten, die in unbestimmtem Winkel innerhalb von 45° erscheinen. Er ist sich sehr bewusst, dass zu viele Zwei-Schuss-Treffer ihn um eine Platzierung bringen, und dass es noch um weitere drei Runden geht.

Der Schütze nimmt die Position des Voranschlags ein. Die Flintenposition ist beliebig, aber beim Trap-Schießen ist keine Zeit für den Anschlag. Der Erfolg hängt von seiner Fähigkeit ab, sich total auf seinen präzisen Schießstil zu konzentrieren. Diese Haltung ist nötig, aber sie lässt keinerlei Raum für einen geselligen Austausch!

Doppel-Trap, Einzellauf, Distanzschießen

In der DTL-Disziplin gibt es drei verschiedene Variationen, doch keine von ihnen hat eine größere Anhängerschaft. Alle drei haben Layout und Ausrüstung gemeinsam und sind bloße Variationen des gleichen Themas.

„Double Rise" ist wie DTL, aber die Wurfmaschinen schicken simultane Dubletten in einem vorbestimmten Winkel innerhalb der definierten Bereiche von DTL-Zielen los. Die Teilnehmer dürfen nur einen Lauf auf die einzelnen Scheiben abfeuern und erzielen fünf Punkte für ein getroffenes Paar und zwei Punkte für einen Treffer. „Single Barrel" folgt dem gleichen Format wie DTL. Der einzige Unterschied besteht darin, dass nur ein Schuss pro Scheibe gestattet ist.

„Handicap by distance" ist ein DTL-Wettkampf zwischen Schützen der verschiedenen Klassen. Die besten Schützen der Rotte schießen mit Handicap, indem sie bis zu ca. 23 Meter von der Wurfmaschine zurücktreten.

ABT, UT und OT (Olympisches Trapschießen oder olympischer Graben)

Es gibt noch drei weitere Trap-Disziplinen, alle mit abgehender Scheibe und mit den gleichen Prinzipien für die Schützen wie beim DTL. In der logischen Reihenfolge von Schwierigkeiten steht ABT (*Automatic Ball Trap*) an der Spitze. Hier ist das Layout ähnlich wie beim DTL.

Rotten von je sechs Schützen rotieren über die fünf Stände in einem Halbkreis von 15 Metern Radius hinter der Wurfmaschine. Das ABT-Abwurfhaus ist in den Boden eingelassen und schließt mit dem umliegenden Gelände des Schießstandes ab. Diese Wurfmaschine muss eine Standardscheibe bis zu 75 Metern weit bei Windstille werfen können. Sie sollte innerhalb eines rechten Winkels beweglich sein und Scheiben zufällig bis zu 45° der Mittellinie auswerfen (Turbulenzmaschine). Außerdem muss der Abwerfer auf zufällig wechselnde Höhen einstellbar sein, so daß die Scheibe nach zehn Metern in einer Höhe von zwischen einem und drei Metern fliegt.

Die Teilnehmer jeder Rotte dürfen auf jedes Ziel zweimal schießen. Sie erzielen pro Treffer einen Punkt, egal ob sie dazu einen oder zwei Schüsse brauchen.

Die Regeln hinsichtlich der Flinten und Munition sind die gleichen wie beim DTL. Die besondere Herausforderung liegt aber in der Geschwindigkeit der Scheibe, die schneller fliegt als beim normalen DTL, weil sie weiter geworfen wird. Der Schütze wird darüberhinaus gefordert, daß sein Ziel in unvorhersehbarer Richtung innerhalb des rechten Winkels und in unterschiedlichen Höhen fliegt.

ABT ist die beliebteste Schießart beim Trap nach dem DTL, wird aber von seinen Fans als viel schwieriger eingestuft. Daher ist die Anhängerschaft kleiner. Diese Art sportliches Trap-Schießen ist in Europa sehr beliebt und richtet sich nach den Internationalen Regeln, genau wie die beiden restlichen Trap-Disziplinen.

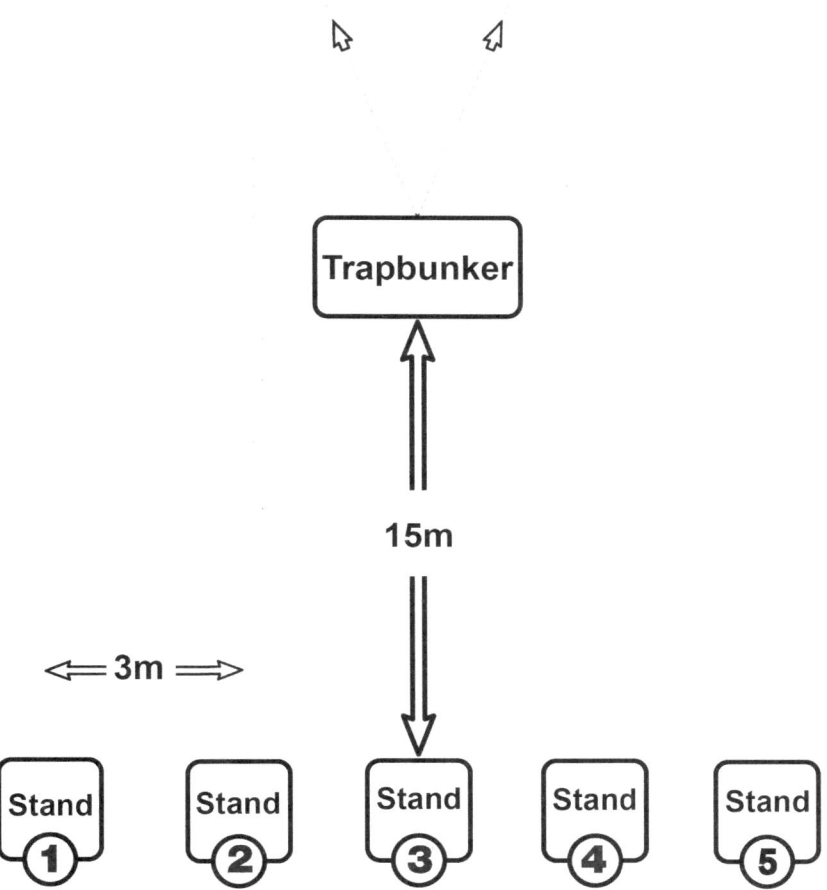

Layout beim ABT. Wurfmaschine wirft Scheiben 80 Meter weit und horizontal in einem Winkel von 90°. Der Abwerfer kann darüberhinaus auf eine Höhe zwischen einem und vier Metern eingestellt werden.

UT – Universal Trench - hat große Ähnlichkeit mit ABT hinsichtlich Geschwindigkeit, Entfernung, Höhe und Winkel der Scheiben. Eine Rotte aus sechs Personen schießt von fünf Ständen aus, die in einer geraden Linie hinter der Wurfmaschine aufgebaut sind. Der Hauptunterschied besteht darin, dass hier die Wurfscheiben von 5 Wurfmaschinen abgeworfen werden, nicht bloß von einem Turbulenz-Automaten. Jeder Teilnehmer darf von jedem Stand aus zwei Schüsse auf ein Ziel abgeben und erzielt pro Treffer einen Punkt. Die Scheibe kann aus jeder der fünf Wurfmaschinen kommen, die auf unterschiedliche Winkel und Höhen fest eingestellt sind. Es gibt für jede der 25 Scheiben vorbestimmte Positionen, damit alle Teilnehmer einer Rotte die gleiche Anzahl an Höhen- und Winkelkombinationen geboten bekommen. Die vorbestimmte Abwurf-Sequenz, das so genannte Wurfschema, ist der Rotte nicht bekannt. UT hat in Großbritannien nur eine kleine Anhängerschaft, ist aber im restlichen Europa sehr populär.

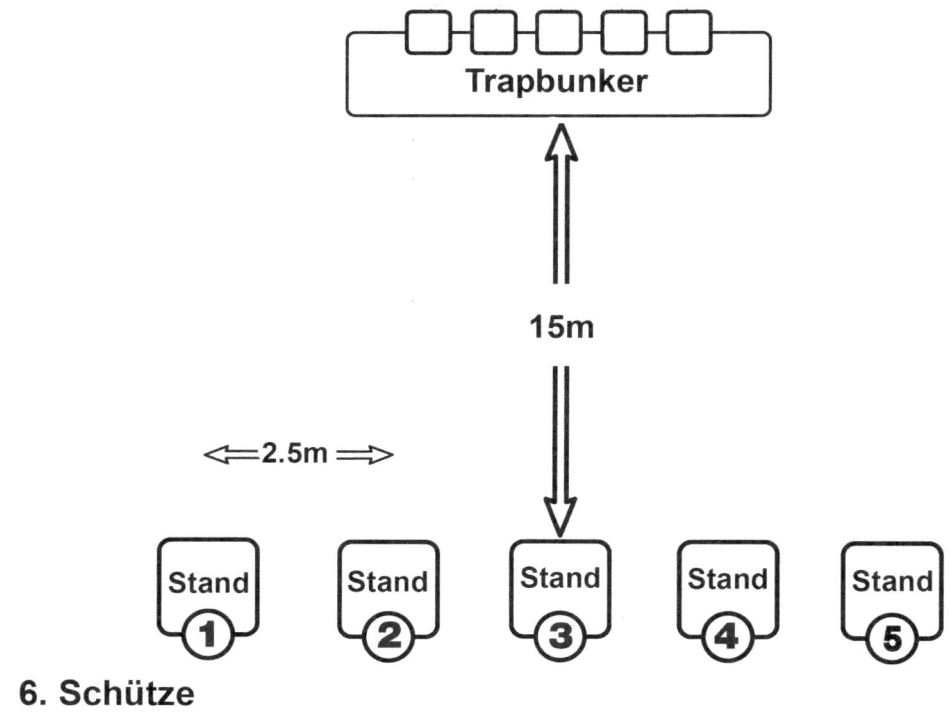

Layout beim UT. Wurfmaschine auf eine Entfernung von 75 Metern ausgerichtet. Höhe zwischen einem und drei Metern. Jede Wurfmaschine hat eine Winkelvariante horizontal bis zu 90°. Eingegraber Maschinenbunker mit fünf Maschinen

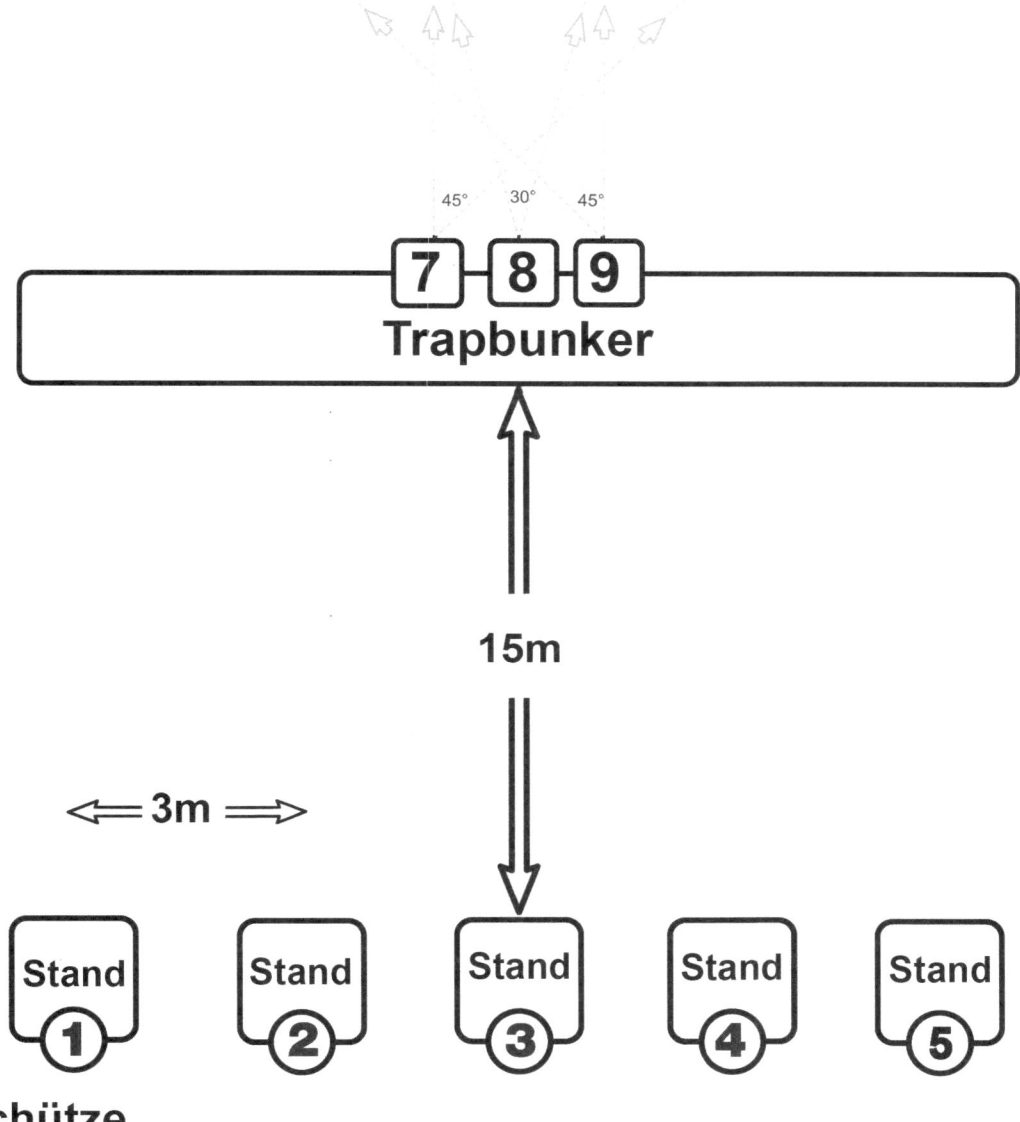

Layout beim Olympischem Trap. Die Wurfmaschine ist im Boden eingelassen und enthält fünf Gruppen von jeweils drei Abwerfern. Wurfmaschine auf eine Entfernung von 75 Metern ausgerichtet. Höheneinstellung zwischen einem und drei Metern

Die schwierigste Herausforderung beim Trap-Schießen ist das Olympische Trapschießen (OT oder Olympischer Graben) Wie im Titel angedeutet ist es eine der drei olympischen Disziplinen. Der Wurfmaschinenstand befindet sich hier in einem langen Graben mit fünfzehn Wurfmaschinen in fünf Gruppen von je drei Maschinen.

Fünf Stände sind in einem Abstand von 15 Metern direkt hinter den fünf Dreiergruppen der Maschinen aufgebaut,.

Standardscheiben in für den Hintergrund angemessenen Farben werden mit gleicher Geschwindigkeit und und Flugbahn geworfen wie beim ABT und UT.

OT-Rotten folgen von jedem Stand aus der gleichen Einzelscheibe. Bei Abruf wird die Wurfscheibe von einer der drei Wurfmaschinen direkt vor den Schützen abgeworfen.

Man kann auf jedes Ziel zweimal schießen, wobei ein Punkt pro Treffer erzielt wird. Es werden vorgegebene Sequenzen ähnlich wie beim UT benutzt. Die Abwurfsequenz, die Winkel und Höhen werden bei einem Wettkampf alle 50 Scheiben gewechselt – das bedeutet in der Regel mindestens hundert Wurfscheiben.

In Großbritannien hat OT hat eine begeisterte Anhängerschaft. Unsere OT-Schützen haben aufgrund fehlender Anlagen nicht genügend Übungsmöglichkeiten. Nur sehr wenige Schießanlagen können sich die finanzielle Investition von 15 automatischen Wurfmaschinen pro Anlage leisten.

„Doppeltrap" ist die modernste aller Wurfscheiben-Disziplinen. Es war bei den Olympischen Spielen 1996 in Atlanta die dritte olympische Disziplin außer Olympischem Skeet-Schießen und Olympischem Trap-Schießen.

Doppeltrap wird auf dem olympischen Trap-Stand abgehalten. Rotten von sechs Mann schießen 25 Paare aus zwei oder drei Wurfmaschinen in der Mitte. Die Wurfscheiben werden in festgelegtem Muster nach links, rechts oder geradeaus geworfen. Die Maschinen müssen Standard-Scheiben 55 Meter weit werfen können.

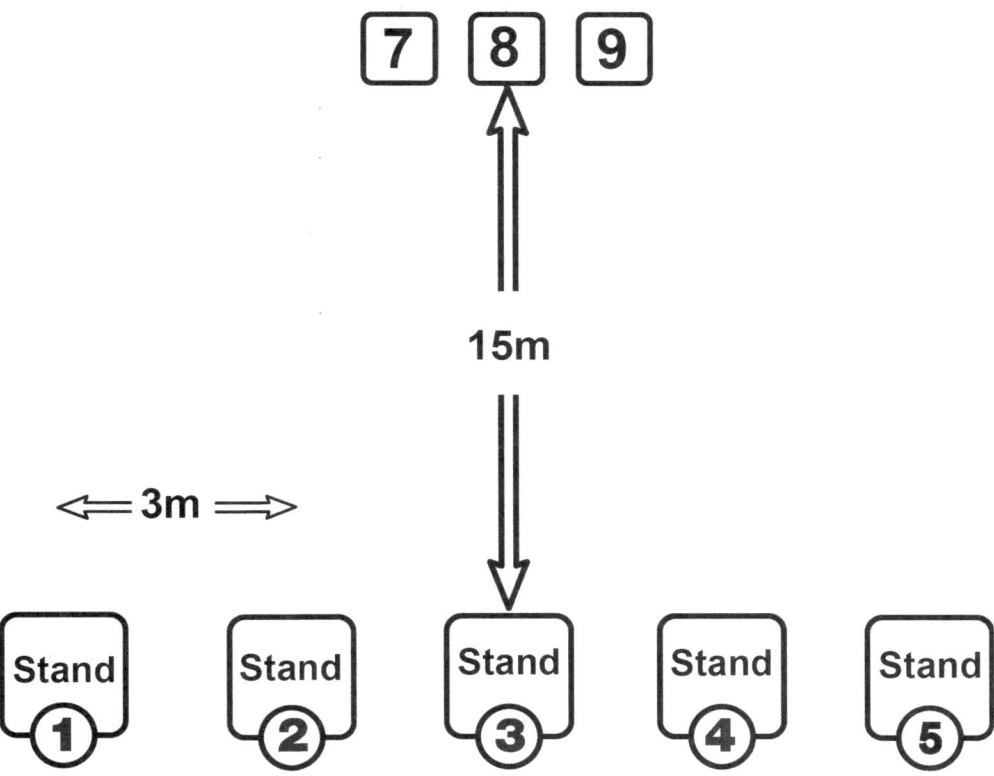

Doppeltrap-Layout. Maschinen werfen Scheiben 55 Meter weit

Skeet (Rund um die Uhr)

Skeet, die dritte Hauptdisziplin, hat seinen Ursprung in den USA. Hierzulande übte der Landadel noch mit lebendigen Vögeln, um die Schießkünste zu verbessern, aber die amerikanischen Farmer hatten schon ihre eigenen Schießstände, um das jagdliche Schießen zu üben. Der Sage nach hatte ein begeisterter Schütze die Idee zu Tontauben, als er einmal beobachtete, wie ein Junge flache Steine und Muscheln auf einem See springen ließ.

Zur etwa gleichen Zeit hatte ein schießbegeisterter Farmer die Idee, eine einfache Wurfmaschine am Rand einen großen Kreises aufzustellen, um dort zu üben. Seine schlichte Theorie lautete, wenn man eine Tonscheibe auf eine Flugbahn befördert und aus unterschiedlichen Positionen am Kreisrand darauf schießt, dann konnte man das Schießen aus jedem möglichen Winkel üben.

Dieses Schießen („rund um die Uhr") wurde bald sehr populär; bald schon hielt man Wettkämpfe ab. Doch bei dieser raschen Entwicklung zeigte sich bald ein schwerwiegender Nachteil. Man konnte keinen Sicherheitsbereich bestimmen, wenn jeder in einem Winkel von 360 Grad schoss. Die Lösung hierfür war ebenso offensichtlich wie die Attraktion der ursprünglichen Idee. Man stellt eine Wurfmaschine direkt einer anderen gegenüber und schießt von Positionen entlang dem Halbkreis zwischen beiden aus. Dieses System, „rund um die halbe Uhr" wurde bald überall in den USA von begeisterten Schützen übernommen und zu Wettkämpfen organisiert.

Dann veranstaltete ein Waffenhersteller einen Wettbewerb in der nationalen Presse für den besten Namen für diese neue Sportart. Skeet, eine Abwandlung des skandinavischen Wortes für Schuss wurde zum Sieger erklärt.

In Großbritannien veranstaltete man eine eigene Version, das Englische Skeet. In Deutschland wird Sportlich Skeet geschossen, in Übereinstimmung mit den ISSF Regeln, vergleichbar denenigen der ISU und zusätzlich jagdlich.

Aber es gibt auch Anhänger der amerikanischen Version und des ISU (*International Shooting Union*). Letzteres ist eine weitere Schießdisziplin bei den Olympischen Spielen.

Alle drei Skeet-Disziplinen finden auf dem gleichen Layout statt, mit „Hochhaus" und „Niederhaus" in einem Abstand von 38 - 40 Metern.

Die Hochhaus-Wurfmaschine wirft eine Standardscheibe aus einer Höhe von 3,05 Metern ab. Das Niederhaus wirft die Scheibe 1,05 Meter über dem Boden aus. Die Maschinen sind so eingestellt, dass sie etwa 65 Meter weit werfen und die Scheiben sich im Mittelpunkt des Kreises, auf dessen Bogen die Schützenpositionen liegen, in einer Höhe von 4,6 Metern kreuzen.

Eine Runde beim „Englischen Skeet" besteht aus 25 Scheiben in einer festgelegten Sequenz von Einzelscheiben und simultanen Dubletten. Die Rottenmitglieder schießen abwechselnd von sieben Schießständen aus, die gleichmäßig im Halbkreis in 15 Meter Entfernung vom Kreismittelpunkt aufgebaut sind.

Jeder Teilnehmer zielt auf zwei Einzelscheiben und zwei Dubletten von den Ständen 1,2 4, 6 und 7, und zwei Einzelscheiben von den Ständen 3 und 5. Gestattet ist ein Schuss pro Ziel, für einen Treffer bekommt man einen Punkt. Von den Ständen eins und zwei muss zuerst eine Hochhaus-Dublette getroffen werden. Bei Stand 6 und 7 gelten die gleichen Regeln für eine Niederhaus-Scheibe. An Stand vier bestimmt der Schütze, welche Scheibe der Dublette er zuerst schießen will.

Diese Sequenz aus Einzelscheiben und Dubletten ergibt 24 Scheiben. Auf die 25. Scheibe wird gezielt, wenn man die erste verfehlt hat, oder aber als Wahl zwischen Hochhaus- und Niederhausscheibe von Stand 7, sobald der Schütze 24 Treffer erzielt hat.

Die Regeln für Waffen und Munition sind die gleichen wie bei den Trap-Disziplinen, aber die Munition und Ladung darf während einer Runde nicht gewechselt werden. Da die Scheiben schnell und in dichtem Abstand fliegen, entscheiden sich die meisten Skeet-Schützen für die Patrone mit größerer Streuung und verwenden die englische Nummer 9.

Die Anschlagposition ist freigestellt, doch die meisten Schützen entscheiden sich für den jagdlichen Anschlag und benutzen Waffen mit kürzeren Läufen mit offenem Choke.

Die hierzu erforderlichen Fertigkeiten sind eine Kombination aus „reinem" Jagschießen und der Konzentration des Trap. Um beim Skeet-Schießen Erfolg zu haben, muss der Schütze auch in der Lage sein können, eine große Bandbreite von Annahmepunkten und Schusssektoren im Kopf behalten zu können. Englisches Skeet hat eine breite Gefolgschaft von wettkampforientierten Schützen und ist auch für Sportschützen attraktiv, die es begrüßen, eine Vielzahl von Zielen aus unterschiedlichen Winkeln in kurzer Zeit anzugehen. Eine erfolgreiche Rotte kann die Runde aus 25 Scheiben in weniger als einer halben Stunde absolvieren. Sicher würden viele Wurfscheibenschützen das Skeet ausprobieren, wenn es mehr Anlagen dieser Art gäbe.

Jagdliche Disziplinen in Deutschland

Jagdlich Trap

Beim jagdlichen Trap-Schießen sind, im Gegensatz zum sportlichen Trap-Schießen, die Schützenstände nur 11 Meter und nicht 15 Meter von der Bunkerkante entfernt. Die Wurfweite der Scheiben ist auf 65 Meter begrenzt und kann in Ausnahmen auch auf 55 Meter zurückgenommen werden. Die Seitenwinkel beim jagdlichen Trapschießen sind auf 70° das heißt je 35° nach rechts und links festgelegt. Jagdlich Trap kann sowohl mit einem Turbulenzautomaten als auch auf 5 oder 15 Maschinenständen geschossen werden. Pro Durchgang werden 15 Scheiben beschossen. Die Scheiben werden nicht abgerufen, sonder durch eine deutliche Bewegung der Flinte im jagdlichen Anschlag abgewunken. Jede Scheibe darf mit maximal 2 Schuss beschossen werden, wobei bei Wettkämpfen Treffer 1 und Treffer 2 jeweils notiert werden. Bei gleichem Ergebnis gewinnt der Schütze, der die geringere Anzahl an Treffern 2 hat.

Jagdlich Skeet

Beim jagdlichen Skeet-Schießen benutzen wir das gleiche Layout wie beim sportlichen Skeet-Schießen. Im Gegensatz zum sportlichen Skeet werden hier aber nur 15 Wurfscheiben in einer Kombination aus Einzelscheiben und Dubletten beschossen. Auch hier wir die Scheibe wie beim jagdlichen Trap nicht abgerufen, sondern abgewunken. Die Scheibe erscheint sofort nach dem Abwinken, hier wird im Gegensatz zum sportlichen Skeet ohne Timer geschossen. Der Stand 8 wird im jagdlichen Skeet ebenfalls nicht benutzt. Die Einzelscheiben dürfen mit max. 2 Schuss beschossen werden. Geschossen werden auf Stand 1 je eine Einzelscheibe

Hochhaus – Niederhaus, auf Stand 2 eine Dublette, wobei zuerst die Hochhaus- und dann die Niederhaus-Scheibe zu beschießen ist, auf Stand 3-4-5 je eine Einzelscheibe Hoch-Niederhaus, auf Stand 6 eine Dublette. Hier ist die zuerst die Niederhaus- und dann die Hochhaus-Scheibe zu beschießen. Auf Stand 7 erfolgt eine Dublette Nieder-Hochhaus und eine Einzeltaube Niederhaus.

Die Wertung erfolgt wie beim jagdlichen Trapschießen ebenfalls unter Berücksichtigung der Treffer 2.

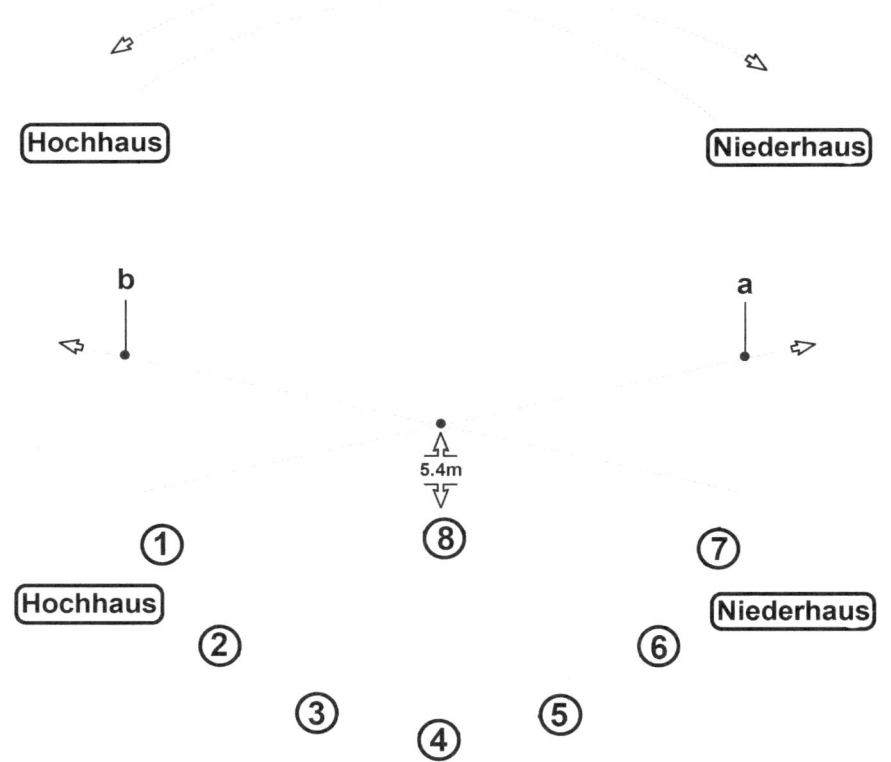

ISU Skeet-Layout, wie er bei den Olympischen Spielen benutzt wird. Der Englische Skeet-Parcours hat ähnliche Abmessungen, aber nicht den Stand 8 in der Mitte. Scheiben müssen getroffen werden, ehe sie die Bunkergrenze 40.4 Meter vom Abwerfer verlassen. Scheiben werden 66 - 67 Meter weit ausgeworfen

In jagdlichen Wettkämpfen, zum Beispiel vom DJV (Deutscher Jagdverband e.V.), müssen beide Disziplinen, Trap und Skeet mit der gleichen Waffe geschossen werden. Auch dürfen die Chokes zwischen den Disziplinen nicht gewechselt werden. Daher verwenden die Schützen oft eng schießende Flinten, die gut für das Trapschießen geeignet sind, und schießen beim Skeet die erlaubten Streupatronen in Nummer 9 (2mm).

Helix ZZ

Eine weitere Wurfscheiben-Disziplin, die nicht unter die Sparten Trap, Skeet oder Parcours fällt, ist allgemein als ZZ bekannt – als Zickzack. Offiziell aber heisst diese Disziplin Helix. Der erste Wettkampf fand 1960 statt, als direkte Fortentwicklung des Schießens auf lebendige Tauben, wie es in einigen Bereichen Europas damals noch praktiziert wurde. Die erratische Flugbahn einer Helix-Scheibe soll den unvorhersehbaren Flug eines lebendigen Vogels ohne Schwanzfedern simulieren.

Man könnte sagen, dass Helix (von helice, frz. für Helikopter) eigentlich keine Wurfscheibendisziplin ist. Das Ziel, gewöhnlich eine weiße Plastikscheibe, ist in Größe und Form ähnlich wie eine Standardscheibe. Die Scheibe sitzt aber in einem Plastkring mit zwei abstehenden Propellern, wie bei einem Hubschrauber. Sie ähnlen daduch einem Spielzeughubschrauber, wie man sie vor Jahren hatte, die durch einen Zug an einer Kordel gestartet wurden.

Fünf Wurfmaschinen, kaum größer als kleine Elektromotoren sind in den Boden eingelassen. Die Scheiben sitzen auf Spindeln. Beim Anstellen beginnen die Scheiben zu rotieren und seitwärts zu schwanken. Bei Abruf werden sie gelöst und können dann in unberechenbarer Flugbahn hoch und in verschidene Richtungen fliegen.

Bei Wettkämpfen dürfen die Schützen zwei Schüsse pro Ziel abgeben. Als Treffer gilt, wenn ein sichtbares Stück aus der weißen Zentralscheibe gebrochen wird. Dies muss erfolgen, ehe die Scheibe eine bestimmte Linie überschreitet, einen zwei Meter hohen Zaun in 21 Metern Entfernung von der Wurfmaschine.

Die Schussposition befindet sich ebenfalls in einem Abstand von 21 Metern, doch der Schütze darf bei einem Handicap-Wettkampf bis zu 7 Meter zurückteten.

Helix-Schießen ist in Großbritannien nicht sonderlich beliebt. Die Wurfscheiben sind recht teuer, die Wettkämpfe dauern lange

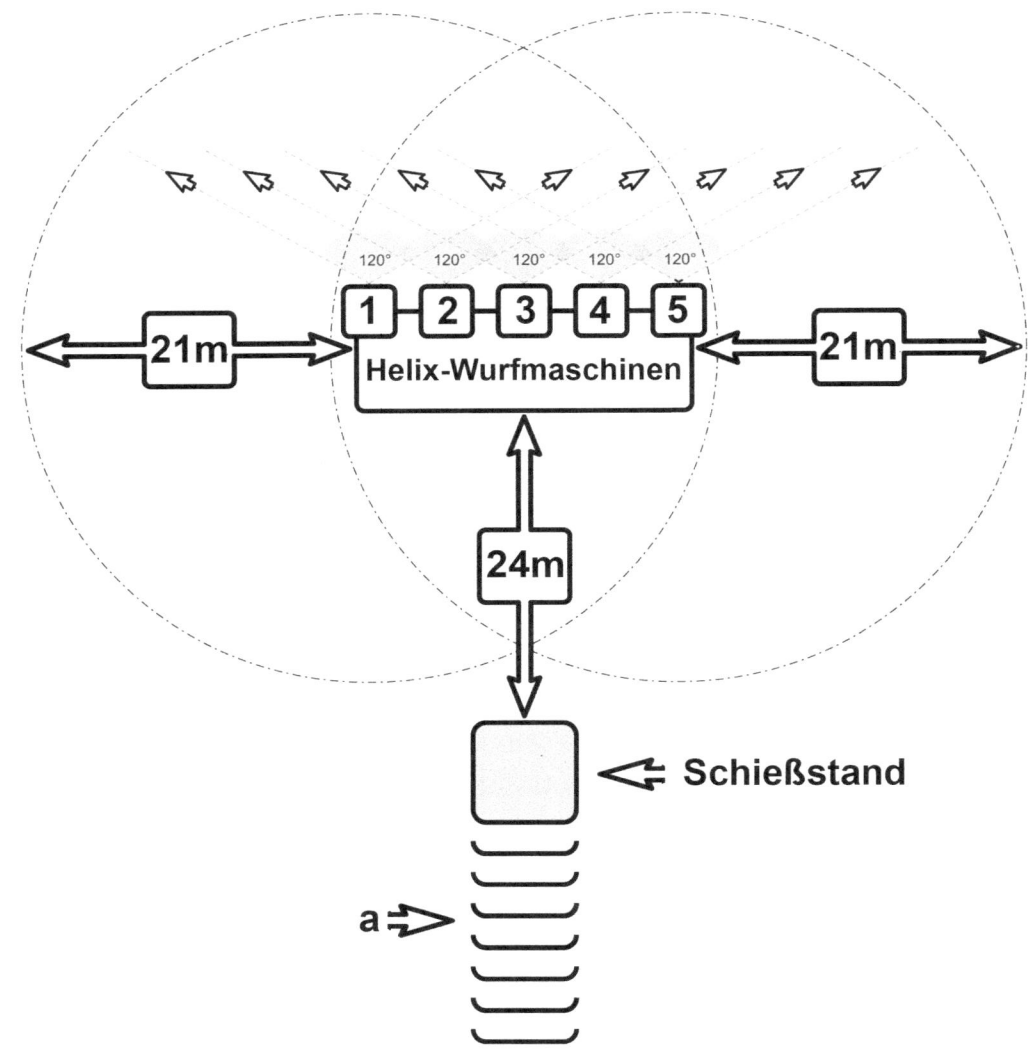

Helix-Parcours. 5 x Helix-Wurfmaschinen, im Abstand von 4,5 Metern. a, Handicap vergrößert sich um einen Meter bis 32 Meter

Trotz eines erheblichen Mangels an Helix Übungs-Ständen hat Großbritannien bei internationalen Wettbewerben einen hohen Anteil an Goldmedaillensiegern.

Viel Spaß beim Wurfscheibenschießen

Sie haben jetzt Ihren ersten Lehrgang im Wurfscheibenschießen hinter sich. Natürlich sind Sie inzwischen restlos davon begeistert und wollen weiter lernen. Ich wünsche Ihnen viel Spaß bei dieser Sportart. Lassen Sie sich von Ihrer Begeisterung nur nicht von unrealistischen Erfolgserwartungen hinreißen. Die bisherigen Lektionen werden Ihnen sehr nützen, denn Sie haben damit eine solide Grundlage gewonnen, auf der Sie Ihre Schießfertigkeit weiter ausbauen und verfeinern können.

Man sollte auch nicht vergessen, dass jede Menge private Schießstunden in einer Schießschule niemals die Lernerfahrung bieten, wenn man den Sport zusammen mit anderen begeisterten Schützen ausübt.

Die Stimme der Erfahrung

Ohne Zweifel werden Sie in Zukunft auch Rückschläge und Enttäuschungen erleben, aber die können Sie gering halten, wenn Sie sich an meine einfachen Sicherheitsregeln und Ratschläge halten.

Am wichtigsten ist wohl dieser: Suchen Sie sich zum Üben anfangs nur eine einzige Disziplin aus. Meine Lektionen hier gehen vom Parcours-Wurfscheibenschießen aus, daher ist es nur logisch, sich anfangs auf diese Disziplin zu beschränken. Wählen Sie die Schießanlagen und die Gesellschaft, in der Sie schießen, sehr sorgfältig aus.

Natürlich wollen Sie Ihre Trefferquote verbessern, doch meiden Sie noch eine

Weile lang Schießwettkämpfe, in denen Sie gegeneinander antreten. Denken Sie daran, dass Sie den Wettkampf gegen ein bewegliches Ziel jedes Mal genießen können, wenn Sie abrufen. Konzentrieren Sie sich auf die eigene Trefferquote und messen ihren Erfolg nicht an der Punktzahl anderer. Wenn Sie vor sechs Wochen vier von zehn Scheiben getroffen haben und heute ständig sieben oder acht treffen, dann hat sich Ihre Schießfähigkeit verbessert. Was die anderen erzielen ist für den eigenen Fortschritt ohne Bedeutung

Idealerweise sollten Ihre Schützenkollegen in etwa Ihrem eigenen Standard entsprechen. Natürlich lernen Sie, indem Sie andere beobachten. Es ist immer ein Vergnügen, erfolgreichen Schützen zuzusehen, und man kann jederzeit von ihnen lernen. Wir alle lernen, indem wir andere imitieren, aber achten Sie darauf, wen Sie sich zum Vorbild wählen.

Am besten lernt man von einem Schützenvorbild von etwa gleicher Statur und Körperbau, das mit dem gleichen System schießt wie Sie. Es wäre von großem Vorteil, wenn diese Person bereit ist, Ihnen zu helfen, sofern sie oder er auf der gleichen Ebene kommunizieren. Wurfscheiben-Schützen sind in der Regel sehr friedliche und gesellige Menschen und geben gerne Ratschläge. Aber nur Sie selbst können entscheiden, ob diese Ratschläge für Sie nützlich sind.

Sportschützen sind vermutlich in der Regel freundliche und gesellige Menschen. Ich gönne Ihnen den Spaß bei den gesellschaftlichen Veranstaltungen, aber vergessen Sie nie, wie wichtig die Sekunden für die Zielanalyse sind.

Wenn Sie nach der Grundmethode beständig Erfolg erzielen wollen, müssen Sie sich die Zeit für die geistige Vorbereitung nehmen. Die Grundregeln der Entscheidungen für Schusssektor, Fußstellung, Annahmefeld, Schussbild und Waffenposition sind immer sehr wichtig.

Die meisten Anfänger, die ich kennengelernt habe, interessieren sich bald für die verschiedenen Spezialmagazine. Diese bilden sicherlich einen wichtigen Bestandteil Ihres neuen Hobbys. Monat für Monat fordern uns die Schützenmagazine auf, unseren Erfolg zu verbessern, indem wir andere Lauflängen, Chokes, Patronen und Techniken ausprobieren. Jeder Bereich im Leben hat seine Moden. Momentan wird uns versichert, dass 81 cm Läufe unbedingt nötig sind, und warum sollte der Anfänger im Schießen nicht auch solchen Moden folgen?

Sie können experimentieren, aber halten Sie sich an die Waffe und die Munitionskombination, die zuverlässig für Sie innerhalb Ihrer Grenzen funktionieren, bis Sie mehr Erfahrung und Selbstvertrauen gewonnen haben.

Wettkämpfe

Früher oder später wollen Sie an einem Wettkampf teilnehmen, und wenn Sie darauf scharf sind, warum nicht. Aber warten Sie besser ein bisschen. Bei Ihrem ersten Wettbewerb sollten Sie die folgenden Regeln beachten:

Seien Sie früh vor Ort und nehmen sich Zeit, sich von der Anfahrt zu erholen.

Spazieren Sie herum und inspizieren den Parcours.

Wählen Sie einen Schießstand mit Zielen, die Ihnen am vertrautesten sind, und gehen dann zu den anderen Ständen mit zunehmendem Schwierigkeitsgrad über.

An den Schießständen, wo die Ziele unmöglich erscheinen, planen Sie bewusst, wie Sie die Grundmethode zu Ihrem Vorteil nutzen können. Von den meisten Ständen werden Dubletten geschossen. Falls nötig, konzentrieren Sie sich auf die Ziele, die etwas leichter erscheinen. Es ist besser, sich hundertprozentig und mit zwei Läufen bei einer Einzelscheibe anzustrengen, als halbherzig eine Dublette zu versuchen.

Denken Sie nicht an die Fehlschüsse. Denken Sie auch nicht an die noch zu bewältigende Anzahl von Scheiben. Konzentrieren Sie sich bei jedem Abruf zu hundert Prozent auf die vorliegende Aufgabe.

Versuchen Sie bei Ihren ersten Wettkämpfen nicht, ein schlechtes Ergebnis auszugleichen, indem Sie sich noch einmal für eine weitere Runde melden. Vermutlich sind Sie von dem vorigen Ergebnis noch so missgestimmt, dass Sie nun noch schlechter abschneiden. Beobachten Sie lieber ein paar gute Schützen. Außerdem wirkt es beruhigend, wenn man sieht, dass auch viel erfahrenere Kollegen so manche Scheibe verfehlen.

Nur Sie selbst können entscheiden, ob Ihnen das Wurfscheibenschießen Spaß macht. Die Top-Schützen verdienen in jeder Hinsicht ihren Erfolg. Die meisten werden behaupten, sie würden nie üben. In Wirklichkeit gibt es aber nur eine Art von Übung beim Wettkampfschießen, und das ist, regelmäßig an Wettkämpfen teilzunehmen.

Doch um das Wurfscheibenschießen zu genießen, brauchen Sie eigentlich niemals an einem Wettkampf teilzunehmen. Es wird immer einen ganz privaten Wettbewerb zwischen Ihnen, der fliegenden Scheibe und Ihrem letzten Ergebnis geben.

Lassen Sie sich Zeit zur Weiterentwicklung

Zu irgend einem Zeitpunkt werden Sie auf eine Zielversion stoßen, die Sie einfach nicht in den Griff bekommen. Wenn das passiert, lassen Sie es sein, vergessen Sie es und schießen auf etwas, das Sie gut treffen können.

Wenn Sie das nächste Mal wieder ein katastrophales Ergebnis erzielen, ignorieren Sie es erneut. Meiden Sie die bestimmte Herausforderung, bis Sie sich eine Schießstunde leisten können, in der Sie lernen, dieses Ziel zu meistern. Andernfalls wird es Sie endlos verfolgen.

Wenn Sie sich im Bereich des Sportschießens sicher fühlen, versuchen Sie es mit einer anderen Disziplin. Vergessen Sie Ihre früheren Treffer-Ergebnisse nicht und denken daran, wie viel Mühe Sie dafür aufwenden mussten. Es ist unwahrscheinlich, dass Sie in mehr als einer Disziplin sehr gut werden. Konzentrieren Sie sich auf diejenige, die Ihnen am meisten Spaß macht, und geben sich mit einem vernünftigen Ergebnis in den anderen zufrieden.

Vergessen Sie die Fehlschüsse. Denken Sie immer nur an die Treffer. Dann können Sie das Wurfscheibenschießen Ihr Leben lang genießen.

Die eigene Flinte

Es ist immer noch nicht nötig, loszurennen, um sich endlich eine eigene Flinte zu kaufen. Die 20er, die Sie in den Lektionen benutzt haben, passt gut und scheint Ihnen zu liegen, daher können Sie sie weiterhin zum Üben ausleihen.

Sollten Sie zum Kauf bereit sein, wäre eine ähnliche 20er ideal für einen Anfänger Ihrer Kategorie.

Bei diesem Kauf gehen Sie am besten zu einem renommierten Büchsenmacher, der die Flinte anpasst, so dass Sie sie stets bequem handhaben können, genau wie die, die sie bisher benutzt haben. Diese hier hat einen 28"/71 cm Lauf mit festen Chokes und offener Chokebohrung.

Bislang haben Sie 24 Gramm Filzpfropfen-Patronen benutzt, ein guter Kompromiss für eine 20er, aber probieren Sie durchaus Nummer 7 oder 8 aus. Patronen sind genau wie Flinten, Kaliber, Chokes und Schaftlänge eine Sache der individuellen Entscheidung.

Ich drücke hier lediglich meine eigene Meinung aus, was für jemanden von Ihrem Körperbau gut funktioniert. Ich habe allerdings schon vor langer Zeit gelernt, dass meinen Ratschlägen immer nur kurze Zeit gefolgt wird. Früher oder später wird der Schützenneuling von Familie, Freunden, Magazinen, Büchern, DVDs und Waffenhändlern beeinflusst, sich die neuesten und fantastischsten Patronen zuzulegen. Außerdem ist es völlig normal, auch hier experimentieren zu wollen.

Ich bin sicher, dass eine 20er die entsprechend angepasst wurde, Ihnen eine angenehme, erfreuliche Schießerfahrung vermittelt. Wenn Sie allerdings Erfahrung sammeln und selbstsicherer werden, weil Sie häufiger auch auf anderen Schießanlagen üben, dann werden Sie vermutlich zu einer 12er überwechseln.

Die 12er Bockflinte mit einer Reihe von anpassbaren Choke-Bohrungen ist unter den Wurfscheibenschützen die beliebteste Waffe.

Wenn Sie Ihre eigene Flinte besitzen, die eigens für Sie angepasst wurde, würde ich Ihnen raten, den Anschlag vor dem Spiegel zu üben. Lassen Sie mich das erklären.

Nehmen Sie die Flinte in die Hand, laden Sie sie mit Pufferpatronen und stellen sich in etwa zwei Metern Entfernung vor einen Spiegel auf, der groß genug sein sollte, dass mindestens Ihr Oberkörper zu sehen ist. Sie sollten natürlich allen anderen im Haus Bescheid geben, was Sie jetzt vorhaben, damit sich niemand Sorgen macht. Außerdem würde ich raten, es nur zu machen, wenn keine Kinder im Haus sind, denn sie könnten den Eindruck gewinnen, das man mit Flinten auch gut im Haus spielen kann.

Stellen Sie sich in bequemer Haltung vor den Spiegel und machen sich schussbereit. Bestimmen Sie das Abbild Ihres rechten Auges als Annahmepunkt. Jetzt heben Sie die Waffe langsam und bewusst in den Anschlag und achten darauf, dass die linke Hand das Korn auf den Annahmepunkt gerichtet hält.

Sie werden sofort feststellen, dass die rechte Hand die Führung übernimmt, denn die Flinte sinkt unter das gespiegelte Auge.

Wenn die Flinte voll und korrekt im Anschlag liegt, sollten Sie die obere Hälfte des Auges im Spiegel über dem Korn sehen.

Wiederholen Sie diese Übung und versuchen Sie es jedes Mal schneller. Wenn Sie die Waffe rasch und sicher anschlagen können, versuchen Sie, die Augen zu schließen, bis sie fest an Wange und Schulter liegt. Wenn Sie dann das richtige Bild über dem Korn haben, dann können Sie perfekt anschlagen.

Machen Sie diese Übung zwei- bis dreimal pro Woche. Dann wird es für Sie zur instinktiven Reaktion, die linke Hand zuerst im Anschlag einzusetzen. Außerdem empfindet Ihr gesamter Körper den korrekten Anschlag dann instinktiv.

Abschließende Gedanken

Ich hoffe, ich habe meine Absichten, die ich in der Einleitung erklärt habe, auch erreicht.

Meine Absicht in diesem Buch war es, Neulinge zu überzeugen, dass eine einfache und klare Methode gibt, zu einem sicheren, begeisterten Schützen zu werden.

Ich hoffe sehr, dass es mir gelungen ist, ein paar unentschiedene Neulinge zu überzeugen, den Sport auszuprobieren, und dass Sie nun eine deutliche Vorstellung davon haben, welchen Weg Sie beschreiten sollten.

Vielleicht wollen auch erfahrenere Schützen meine Lehrmethode für das Wurfscheibenschießen anwenden, wenn sie andere unterrichten. Bitte erinnern Sie sich stets daran, wie unbeholfen und nervös Sie sich gefühlt haben, als Sie zum ersten Mal eine Flinte in die Hand nahmen.

Jeder, der das Flintenschießen zum ersten Mal unterrichtet, sollte zuerst ein paar Schüsse von der „falschen" Schulter aus abgeben. Das ist so unangenehm wie ein Anfänger es erlebt. Üben Sie Geduld, und Ihre Belohnung wird die ungeheure Freude über die Erfolge Ihrer Schüler sein.

Über den Autor

John King ist einer der erfahrensten und gesuchtesten Schieß-Ausbilder in Großbritannien.

Seine Erfahrung erstreckt sich über 55 Jahre. In diesem Zeitraum hat er etwa 30.000 Schüler in die Praxis des Sportschießens eingeführt und ihnen die Freude an diesem Sport vermittelt.

Seine Leidenschaft für das Schießen begann im Alter von zehn Jahren beim Jagdschießen im ländlichen Warwickshire. Er diente 25 Jahre lang bei der Royal Navy, vorwiegend als Ausbilder in den verschiedensten Waffengattungen.

Bei einem Kursus der Royal Navy in Wiltshire Anfang der siebziger Jahre lernte John zum ersten Mal das Wurfscheibenschießen kennen, und begeisterte sich bald sehr für diesen Sport. Die Woche über bildete er weiterhin die Navy-Soldaten aus, und an den Wochenenden unterrichtete er im heimatlichen ländlichen Wiltshire. Er war an der Anlage und Betreibung der ersten Wurfscheibenanlage der Royal Navy in Portland, Dorset beteiligt und federführend bei der Einführung dieser Schießart als anerkannte Sportdisziplin bei der Royal Navy.

John ist qualifizierter Ausbilder der CPSA und seit 1984 Senior-Ausbilder. Nach Verlassen der Royal Navy gründete er mit seiner Frau Maureen die bekannte Barbury-Schießschule. Sehr bald hatte er einen beneidenswerten Ruf, national wie international, als Ausbilder mit einem einzigartigen Stil. John hat überall in der Welt Schießanlagen entworfen und ist auch in den USA als Coach bekannt.

Ende der Achtziger entwickelte John den ersten Ausbilder-Kursus für die BASC

(*British Asssociation for Shooting and Conservation*). Seidem hat er zahlreiche Ausbilder unterrichtet, und deren Erfolg ist Zeugnis für seine umfangreichen Kenntnisse und seine Erfahrung. Er verfasste mehrere Artikel für Schützen-Magazine und veröffentlichte 1991 sein erstes Buch über das Wurftaubenschießen.

Johns Lehrstil ist entspannt und klar. Er besteht darauf, dass der Lehrstoff stets einfach gehalten sein und vor allem den Schülern Spaß machen sollte. Seine Schüler beschreiben die Lektionen bei John als höchst informativ und gleichzeitig als sehr angenehm. In diesem Buch stellt John vor, wie geschickt er die Grundmethode vereinfacht und mit einer höchst erfreulichen Erfahrung verbinden kann.

Seit zehn Jahren verbindet John seine Schießlehrgänge mit Life-Coaching für Führungspersönlichkeiten und verbindet so seine beträchtlichen Führungsqualitäten und sein psychologisches Training. Er hat Kurse in NLP absolviert und setzt heute NLP-Techniken, wie sie von vielen führenden Sport-Trainern verwendet werden, bei seinen Schießlehrgängen ein – und zwar mit großem Erfolg.

John und Maureen haben die Barbury-Schießschule 2007 verkauft, aber John ist und bleibt ein begeisterter und viel gesuchter Ausbilder für den Schießsport.

www.johnkingcoaching.com
admin@johnkingcoaching.com

Weitere Buchtitel von John King

Clay Shooting For Beginners And Enthusiasts,
978-0956346131 Kindle-Ausgabe
978-0956346155 iBooks-Ausgabe

Game Shooting.
978-0992629205 Hardcover
978-0992629212 Kindle-Ausgabe
978-0992629229 iBooks-Ausgabe

Kindle-Ausgabe dieses Buches 978-0992629243.
iBooks-Ausgabe 978-0992629250

DVD. Clay Shooting From Scratch.
978-0956346124.

Wichtige Adressen

Deutscher Jagdverband e.V.
DJV-Geschäftsstelle
Friedrichstraße 185/ 186
10117 Berlin
Tel: 030/ 209 1394 0
Fax: 030/ 209 1394 30
E-Mail: djv@jagdverband.de

Deutscher Schützenbund e.V.
Lahnstraße 120
65195 Wiesbaden
Telefon: 0611/46807-0
Telefax: 0611/46807-49
e-Mail: info@dsb.de
Internet: www.dsb.de

Bund Deutscher Sportschützen 1975 e.V.
Birkenring 5
16356 Ahrensfelde
Telefon: (030) 50 18 44 68
Telefax: (030) 97 99 23 59
E-Mail: info@bdsnet.de
Internet: http://bdsnet.de

Bund der Militär- und Polizeischützen e.V.
Grüner Weg 12
33098 Paderborn
Telefon 05251 2987420
Fax: 05251 29874229
E-Mail: office@bdmp.de

TIRO e.V.
Deutscher Verein für Jagdparcoursschiessen der F.I.T.A.S.C. e.V.
Telgengarten 31
59348 Lüdinghausen
Telefon: +49 (0) 2591 / 79520
Telefax: +49 (0) 2591 / 795223
E-Mail: office@tiro.de
Internet: www.tiro.de

F.I.T.A.S.C.
10, Rue Mederic
75017 Paris FRANCE
Tél. : 33.(0)1.42.93.40.53
Fax : 33.(0)1.42.93.58.22
E-mail : fitasc@fitasc.com